Ralph Sauer

Sternbilder des Lebens

Ralph Sauer

STERNBILDER DES LEBENS

Authentische Christen im Porträt

Inhalt

Vorwort

Jahrhundertelang war man in der Kirche der Überzeugung, dass die Weitergabe des christlichen Glaubens am besten mit Hilfe des Katechismus erfolgen müsse. Dieser Ansicht huldigten noch die Väter des II. Vatikanischen Konzils, die im 1993 erschienenen »Katechismus der Katholischen Kirche« »den Bezugstext für eine … erneuerte Katechese« erblickten. In der Gegenwart erweist sich dieses Instrument aber als nicht mehr wirksam, in der Praxis des Religionsunterrichtes und der Katechese wird es daher nicht mehr verwendet. Seine Zeit ist zu Ende. Daran ändert auch die abgespeckte jugendgemäße Variante des »Youcat« nichts. Er ist jedoch als Informationsquelle für das Verständnis des jeweiligen Glaubensgutes weiterhin hilfreich. Wenn Glaube ein Vertrauensglaube ist und nicht in erster Linie ein Fürwahrhalten von Glaubenswahrheiten, dann kann seine Aneignung nicht mit Hilfe des Katechismus ermöglicht werden, er verlangt vielmehr einen personalen Bezug. Der Glaube wird durch das Glaubenszeugnis eines überzeugenden Glaubenszeugen »gezeugt«, wenn wir einmal vom Geschenkcharakter des Glaubens absehen.

Authentische Glaubensvermittlung ereignet sich in der Regel durch das gelebte Zeugnis von Person zu Person. Der selige John Henry Kardinal Newman hat dies auf die Formel gebracht: »Die christliche Wahrheit hat sich in der Welt nicht als System, nicht durch Bücher erhalten, sondern durch den persönlichen Einfluss jener Menschen, die zugleich Lehrer und Vorbilder der Wahrheit sind.« Und Papst Benedikt schrieb in seiner Enzyklika über die Hoffnung: »Auf dem oft dunklen und stürmischen Meer der Geschichte halten wir Ausschau nach Gestirnen. Die wahren Sternbilder unseres Lebens sind die Menschen, die recht zu leben wissen. Sie sind Lichter der Hoffnung.«

In der heutigen Orientierungslosigkeit, wo alles zu gehen scheint und die Wahrheitsfrage ausgeklammert wird, kann uns am Beispiel von glaubenden Menschen der Sinn des Lebens aufleuchten. Wenn Erwachsene heute um das Sakrament der Taufe bitten und damit Glied der Kirche werden wollen, dann waren es fast immer Menschen, die durch ihren authentischen Lebensstil, durch ihre Überzeugung in ihnen den Wunsch geweckt haben, dieser Glaubensgemeinschaft ebenfalls angehören zu wollen. Die heute so weit verbreiteten Medien können nicht den Zugang zum Glauben erschließen, ihnen fehlt die personale Dimension. Sie können den anfanghaft vermittelten Glauben vertiefen, aber sie ersetzen nicht das personale Gegenüber. Wenn Martin Buber sagt: »Ich werde am Du«, dann gilt dies im höchsten Maße für die Glaubensaneignung, die auf personale Vermittler angewiesen ist.

Schon seit Platon sind Vorbilder nicht unumstritten, so dass er vor schlechten Vorbildern warnen musste. Seit der Aufklärung steht man einer Vorbildpädagogik skeptisch gegenüber. Und diese Skepsis hat sich in der Gegenwart noch verstärkt. Lange Zeit ist daher das Vorbild aus der Pädagogik »ausgewandert«. Es hat erst in den neunziger Jahren wieder an Ansehen gewonnen, gerade bei Heranwachsenden, die in unserer unübersichtlichen Gesellschaft nach Leuchttürmen Ausschau halten, die ihnen den Weg zu einem gelingenden Leben weisen können.

Um der Gefahr der bloßen Nachahmung des Vorbildes zu entgehen – da sie ja dazu führen kann, die eigene Freiheitsentscheidung einzuengen –, spricht man heute lieber vom »Lernen am Modell«. Das Modell zwingt mich dazu, mich mit der fremden Person kritisch auseinanderzusetzen, und bewahrt mich davor, unkritisch in seinen Bann zu geraten. Die leidvollen Erfahrungen mit totalitären Systemen haben uns hellhörig gemacht. Bei einem Modell muss ich mich mit den von der anderen Person vorgelebten Werten auseinandersetzen, ich muss mich fragen: Wie weit kann ich sie in mein eigenes Leben übersetzen, wo liegen hier die Grenzen, was muss ich modifizieren? Oft werde ich nur Teilaspekte des anderen Lebensentwurfes übernehmen und sie abgewandelt in meine Persönlichkeit integrieren. Das erfordert Kreativität und Freiheit. Mit Hilfe des Modells muss der Einzelne sein Ich herausbilden. Das Modell hat folglich vor allem Aufforderungscharakter. Während Vorbilder in der Gefahr stehen, dass sie unreflektiert übernommen werden, wollen Modelle dem Menschen zeigen, wie er sich in bestimmten Situationen verhalten kann. Da aber die Situationen sich immer wieder verändern, kann ich die Vorbilder nicht einfach imitieren. So kann man etwa die Schöpfungsfrömmigkeit des heiligen Franziskus nicht einfach auf die heutigen, ganz anders gelagerten ökologischen Probleme übertragen. Ihr Aufforderungscharakter bleibt dabei jedoch erhalten.

In der aktuellen religionspädagogischen Diskussion beherrscht der Begriff »biographisches Lernen« die Diskussion, er versteht sich als eine Weiterentwicklung der Vorbildpädagogik. Man spricht vom »Lernen an Biographien«. Im Umgang mit fremden Biographien soll sich die eigene Biographie herausschälen. Dabei sollen die Schüler eigene Positionen beziehen bzw. sich erarbeiten. Sie eröffnen sich auf diese Weise Möglichkeitsräume. Dabei kann die fremde Biographie behilflich sein. Durch die Auseinandersetzung mit den Lebenserfahrungen anderer kann man versuchen, sie nachzuvollziehen, kann man das Angebot, das in ihnen durchscheint, für plausibel erachten oder auch nicht. Durch die Beschäftigung mit Fremd-biographien lässt sich der eigene Denkhorizont erweitern. Die Begegnung mit anderen Biographien ist immer auch mit Emotionen verbunden und bildet ein Korrektiv zu einseitig kognitiven Lernprozessen.

Bei der Beschäftigung mit großen Heiligen besteht die Gefahr, dass der normale Mensch sich überfordert fühlt und schnell frustriert wird. Er gibt es auf, dem als Vorbild Hingestellten ähnlich zu werden. In diesem Fall kann es hilfreich sein, sich zunächst mit den »Helden des Alltags« zu beschäftigen oder, wie Romano Guardini sie bezeichnet hat, mit den »Heiligen der Unscheinbarkeit«. Sie leben nebenan, teilen unsere Lebenssituation und bemühen sich zugleich, über den eigenen Tellerrand zu schauen, und haben ihren Blick nach oben gerichtet. Sie leben unter den gleichen Lebensbedingungen wie wir und unterscheiden sich doch von uns, indem sie bereit sind, gegen den gesellschaftlichen Strom zu schwimmen und gegen Ungerechtigkeit und Gewalt zu protestieren. Sie schöpfen aus einer tieferen Quelle als der gewöhnliche Durchschnittsmensch und fühlen sich vor dem größeren Gott verantwortlich. Dabei haben auch sie ihre Fehler und Schwächen, aber sie stehen dazu und erliegen nicht der Gefahr, sie zu beschwichtigen. Diese »Lokalhelden« fordern uns heraus, uns in ähnlichen Situationen ebenso gewissenhaft zu verhalten wie sie. Gleichwohl können sie die großen Glaubenszeugen nicht ersetzen, so dass wir uns auf einer nächsten Stufe auch mit ihnen auseinandersetzen müssen. Sie dürfen nicht der Vergessenheit anheimfallen, denn sie sind ein unabdingbarer Bestandteil der christlichen Erinnerungskultur. Sie wirken wie Leuchttürme in einer immer dunkler werdenden Landschaft.

In diesem Band stelle ich eine Reihe von exemplarischen Gestalten des Glaubens vor, an denen wir ablesen können, wie der

Christ in der Spur Jesu wandeln, wie er seine Verantwortung vor Gott und den Menschen wahrnehmen kann. Jede Auswahl ist subjektiv, und das gilt auch für die vorliegende. Ich habe Glaubenszeugen dargestellt, die mir lieb und teuer geworden sind. Darunter finden sich einige, die nicht denselben Bekanntheitsgrad haben wie die großen Glaubenszeugen unserer Tradition. Zudem habe ich die engen konfessionellen Grenzen überschritten und auch Frauen und Männer vorgestellt, die in der evangelischen Kirche beheimatet waren. Daher spreche ich auch nicht von Heiligen, sondern von authentischen Christen. Hier gibt es wie bei den Lübecker Märtyrern eine Ökumene des Glaubens. Einige der authentischen Christen stehen an der Schwelle zum christlichen Glauben, sie waren fasziniert von der Person des Nazareners.

Bei den Porträts habe ich kein geschöntes Bild entworfen, ich habe die Fehler und Unvollkommenheiten der exemplarischen Frauen und Männer nicht verheimlicht. Auf diese Weise rücken sie uns näher und bleiben für uns nicht unerreichbar. Ich habe jeweils nur einige Aspekte ihres Wirkens herausgehoben, um nicht zu weitschweifig zu werden. Wer sich in die Biographie dieser ungewöhnlichen Menschen vertieft, fühlt sich tief beschämt und wird sehr demütig. Er muss feststellen, was ihn von ihnen trennt, wie unvollständig sein Christsein doch ist. Gleichwohl kann er sich an ihnen orientieren und versuchen, an ihnen Maß zu nehmen. Die Frage des heiligen Augustinus verfolgt ihn auf Schritt und Tritt: »Wenn diese, warum nicht auch ich?«

Ein besonderer Dank gilt meinem Kollegen Karl Josef Lesch von der Universität Vechta für seine hilfreichen Korrekturvorschläge und Frau Gerda Büssing, die in bewährter Manier für die Endgestalt des Manuskriptes gesorgt hat.

Ralph Sauer

Das Fest Allerheiligen

Am Fest Allerheiligen gedenken wir nicht nur der Christen, die zur Ehre der Altäre erhoben worden sind als Selige oder Heilige. Wir schließen in unser Gedenken auch die unzählig vielen unscheinbaren und namenlosen Heiligen der Vergangenheit, aber auch unserer Gegenwart mit ein. Zur Heiligenverehrung sind wir nicht verpflichtet; schon das Konzil von Trient hatte im 16. Jahrhundert festgestellt, dass es gut und nützlich sei, Heilige zu verehren, aber es stelle keine strenge Pflicht dar. Die Heiligenverehrung ist für unser Heil nicht notwendig. Gleichwohl gehören die Heiligen zum Grundbestand unseres Glaubens. Wir können uns eine katholische Frömmigkeit nicht ohne die Gestalt der Heiligen vorstellen; das Gleiche gilt auch für die orthodoxe Kirche. Anders die aus der Reformation hervorgegangenen Kirchen, die aus Sorge um die Heilsmittlerschaft Jesu den Heiligen keinen großen Platz einräumen. Davon kann man sich schon bei einem Besuch einer evangelischen Kirche überzeugen; vergebens sucht man hier nach Heiligengestalten. Im Höchstfall trifft man auf ein Bild von Martin Luther; er ist der einzige ihnen verbliebene Heilige. Und dann werden hier die Heiligen nicht um deren Fürsprache angerufen, sondern sie gelten nur als Vorbilder gelebten Glaubens. Aber auch in unserer katholischen Kirche des Westens wird der Heiligenverehrung keine allzu große Bedeutung mehr beigemessen. Das zeigt sich schon bei der Wahl eines Namens für das neugeborene Kind. Ganz im Unterschied zu den romanischen und südamerikanischen Ländern, wo der Heiligenkult ungebrochen blüht. Wir haben damit manchmal unsere Schwierigkeiten.

Worin liegt nun der Nutzen der Heiligenverehrung? Fragen wir uns: Was ist überhaupt ein Heiliger? Zunächst ist er ein Mensch aus Fleisch und Blut, der seinen Glauben sehr ernst nimmt und sich zugleich in der Welt engagiert; er legt Protest ein gegen ungerechte Strukturen in Politik, Wirtschaft und Kirche. Er scheut den Konflikt mit den Mächtigen in Staat und Kirche nicht. Dabei hat er oft sein Leben aufs Spiel gesetzt, wie das Beispiel des Erzbischofs von San Salvador, Óscar Romero, gezeigt hat, der sich auf die Seite der unterdrückten Armen gestellt hatte. Das musste er mit seinem gewaltsamen Tod bezahlen. Die Heiligen haben immer Gottes- und Nächstenliebe in eins gesehen. Die Gottesliebe ist nicht von der Nächstenliebe zu trennen, sie bilden eine Einheit. So zeichnet sich der Heilige durch seine intensive Hinwendung zum Nächsten und Fernsten aus; sie geht so weit, dass sie auch den Feind miteinbezieht. Der Heilige verkörpert in seiner Existenz das Dasein der Kirche für andere, er geht ganz auf in der liebenden Hinwendung zum Schwachen und Armen. Das haben in unseren Tagen Mutter Teresa und der französische Abbé Pierre vorbildlich gezeigt. Sie erblickten im Notleidenden und Ausgegrenzten ihren Herrn und Meister Jesus Christus.

Gerade in einer Zeit, da der Glaube an einen persönlichen Gott im Schwinden begriffen und an seine Stelle ein vager Begriff von einer höheren Macht getreten ist, bedarf es Menschen, die uns zeigen, welche Kraft und Hoffnung man aus der Beziehung zum absoluten Du Gottes schöpfen kann. Befragt man heute Menschen nach ihrem persönlichen Glauben, dann kann man oft hören: »Es muss doch etwas Höheres geben.« Ein solcher Glaube hat keine prägende Kraft, er verpflichtet zu nichts, er macht aus dem Menschen kein verantwortliches Wesen. Ganz anders dagegen die Haltung der Heiligen. Sie haben aus dem Gebet und der Betrachtung Kraft geschöpft, sie haben sich in das Evangelium des Lebens vertieft und waren bemüht, nach den Weisungen Gottes ihr Leben auszurichten. Sie sind ein »lebendiger Kommentar zu den Evangelien«. Und der heilige Franz von Sales umreißt ihre Vorbildfunktion mit den Worten: »Das Evangelium ist eine Partitur, die Heiligen sind die klingende Musik«, das heißt, sie bringen diese göttliche Musik zum Klingen. Schauen wir auf die Heiligen, dann können wir erkennen, wie umwandelnd und Hoffnung weckend das Wort Gottes sein kann, wie es uns in eine Richtung weist, die zu einem gelingenden Leben verhilft. Dabei will der Heilige uns nicht den Weg zu Jesus Christus bzw. zum dreifaltigen Gott versperren. Er kann uns aber auf diesem Weg begleiten und ermutigen, wider alle Hoffnung zu hoffen. Ein Kind hat einmal treffend gesagt: »Ein Heiliger ist ein Spiegel Gottes.« Schöner kann man nicht ausdrücken, was ein Heiliger ist.

Die Heiligen sind Menschen aus Fleisch und Blut, das heißt, sie sind auch mit Fehlern und Schwächen behaftet wie wir alle. Sie sind keine Wundertiere, die man bestaunt, weil sie so abgehoben gelebt haben. Sie hatten Ecken und Kanten, die erst im Laufe ihres Lebens abgeschliffen werden mussten. Im Unterschied zu uns waren sie sich aber ihrer Schwächen und Unvollkommenheiten bewusst. Sie litten unter dieser Erkenntnis und waren sich bewusst, dass sie auf die größere Barmherzigkeit Gottes angewiesen sind. Immer wieder kann man aus dem Mund von Katholiken hören: »Warum soll ich beichten? Ich habe doch keinen umgebracht, keine Bank ausgeraubt. Ich habe meine Pflichten als Staatsbürger und Glied der Kirche erfüllt.« Dabei haben sie vergessen, dass wir nach dem Maß unserer Gottes- und Nächstenliebe gemessen werden. Und wer von uns kann schon behaupten, dass es auf diesem Gebiet nicht Defizite in seinem Leben gibt? Wir sind vom Unschuldswahn befallen, der alle Schuld von sich weist und dafür andere zu Sündenböcken abstempelt. Hier kann uns der Heilige mit seiner Demut beschämen und zur Besinnung ansporen. Papst Franziskus betont immer wieder: »Ich bin ein großer Sünder.« Welcher Papst hat diesen Mut schon besessen, das vor aller Welt zu bekennen? So können die Heiligen durch ihr Beispiel uns von dem fehlenden Sündenbewusstsein befreien.

Zeitlebens waren die Heiligen unbequeme Zeitgenossen, gerade auch für die Verantwortlichen in der Kirche. Ihre prophetische Stimme wurde nicht gern gehört; denn sie hielten ihnen unerschrocken den Spiegel vor Augen. Im Stile alttestamentlicher Propheten haben sie den Zeitgenossen die Leviten gelesen. Sie sind ein Pfahl im Fleisch einer verbürgerlichten Christenheit, die sich hier auf Erden gut eingerichtet hat und der Welt gleichförmig geworden ist.

Der Heilige ist aber mehr als nur ein Vorbild für ein Gott wohlgefälliges Leben, er legt auch für uns Fürsprache beim Herrn ein. Diese Funktion wird von unseren evangelischen Schwestern und Brüdern abgelehnt, weil sie befürchten, auf diese Weise würde die Heilsmittlerfunktion Jesu in Frage gestellt. Wenn wir einander aber schon auf Erden um einen Gebetsbeistand bitten, warum sollte dieser dann hier auf Erden sein Ende finden? Wir gehören zur Gemeinschaft der Heiligen, in der einer für den anderen eintritt. Schon hier auf Erden und erst recht im Himmel. Unsere Glaubensgemeinschaft mit den Brüdern und Schwestern endet nicht an der Todesschwelle, sondern setzt sich bei Gott fort. So können wir mit gutem Gewissen die Heiligen um ihren Beistand im Himmel anrufen.

Heilige wollen aber nicht nur als leuchtende Vorbilder angestaunt werden; wir sollen in ihre Fußstapfen treten. Augustinus schärft uns ein: »Diese und jene konnten heilig sein, dann kannst auch du es.« Er hat diesen Schritt selbst vollzogen und ist ein großer Heiliger geworden. Auch wir sind zur Heiligkeit berufen. So ergeht auch an uns die Aufforderung eines alten Hausspruches:

> Nur die Heiligen heilen die Welt.
> Durch die Eiligen wird sie entstellt.
> Durch die Hassenden wird sie zerstört.
> Durch die Prassenden eitel entleert.
> Die nur Tüchtigen retten sie nicht.
> Und die Süchtigen löschen das Licht.
> Die still Tragenden bauen das Haus.
> Die Entsagenden schmücken es aus.
> Die Gott Dienenden segnen die Zeit.
> Und die Sühnenden tilgen das Leid.
> Dich zu beteiligen bist du bestellt.
> Tritt zu den Heiligen. Heile die Zeit, heile die Welt.

Vertiefende Literatur:

W. Nigg, Die großen Heiligen, Zürich 1946

Heilige der Unscheinbarkeit

Nach dem Zweiten Weltkrieg waren Vorbilder in der Pädagogik verpönt, allzu sehr waren sie in Misskredit geraten durch ihre Indienstnahme durch die Nazis für ihre menschenverachtende Ideologie. Den Todesstoß versetzte der Vorbildpädagogik die 68er-Kulturrevolution; sie stand ganz im Zeichen der Emanzipation und Selbstbestimmung, da konnte ein Vorbild nur ein Hindernis auf dem Weg zur Selbstwerdung sein. 1986 konnte daher ein Erziehungswissenschaftler feststellen: »Das Vorbild ist diskreditiert.« Siegfried Lenz lässt seinen 1973 erschienenen Roman »Das Vorbild« bezeichnenderweise in diesen Jahren spielen. Aber Totgeglaubte leben bekanntlich länger. So setzte in der Mitte der 90er-Jahre auch unter den Jugendlichen eine Rückbesinnung auf Vorbilder ein. In der Shell-Jugendstudie 2002 gaben 56 Prozent aller Jugendlichen an, sich an Vorbildern zu orientieren. In der postmodernen Gesellschaft, in der alles möglich und nichts wahr zu sein scheint, erwachte die Sehnsucht nach einem festen Halt und einer wegweisenden Orientierung. In diesem Zusammenhang erlangte das lange verpönte Vorbild wieder neue Anziehungskraft.

Aber der Charakter des Vorbildes hatte sich inzwischen gewandelt, man akzeptierte nicht mehr die Idealisierung herausragender Gestalten der Geschichte, betrieb keinen Heldenkult mehr. Vielmehr hielt man nun Ausschau nach Vorbildern, vornehmlich aus dem Nahbereich, die sich im Leben bewährt hatten. Sie dürfen nun durchaus unvollkommen und fehlerhaft sein, man spricht von »kritisch gebrochenen Vorbildern«. Man möchte jetzt auch nicht mehr alle Eigenschaften des Vorbildes zum Maßstab machen, sondern greift nur bestimmte Verhaltensweisen und Charaktereigentümlichkeiten heraus. Zu diesen Vorbildern aus dem Nahbereich zählen an erster Stelle die Mutter, aber auch der Vater und die Großeltern, Lehrer, Pfarrer und Jugendleiter. In einer Befragung der Zeitschrift »Der Stern« aus dem Jahr 2003 nach den Idolen der Deutschen führt die Rangliste der 200 Idole »meine Mutter« an, dicht gefolgt von »mein Vater«. Vorbilder aus dem Fernbereich fehlen bei der Aufzählung dann nicht, wenn sie dem modernen Lebensgefühl Orientierung verleihen können.

Auch die Heiligen als exemplarische Gestalten des Christseins sind Vorbilder des Glaubens; darin stimmen evangelische und katholische Christen überein. Im Neuen Testament werden alle an Christus Glaubenden als »berufene Heilige« (Röm 1,7) bezeichnet. Hier meint das Wort Heilige alle, die an Jesus Christus glauben, getauft sind und sich bemühen, in seiner Spur zu wandeln. Für Paulus ist ein Heiliger der Mensch, der sich vom Heiligen Geist ergreifen lässt; denn heilig ist der Heilige Geist. Schon früh setzt die Verehrung besonders herausragender Christen als Heilige ein, sie nimmt Gestalt an in der Märtyrerverehrung, deren erstes Zeugnis aus dem Jahr 160 stammt. Die Märtyrer waren bereit, für Christus und sein Reich ihr Leben hinzugeben. Als Freunde Gottes konnten sie um Fürsprache angerufen werden. Erst im Mittelalter bildete sich dann der Begriff des Heiligen als eines ungewöhnlichen Menschen heraus, der all seine Kräfte für den Glauben eingesetzt hat und aus der Schar der normalen Christen weit herausragt. In der Neuzeit verbindet sich mit dem Heiligen dann noch die Vorstellung hoher Sittlichkeit; daher gehört zum offiziell von der Kirche anerkannten Heiligen ein hoher Tugendgrad. Dagegen war der mittelalterliche Heilige eine zutiefst religiös geprägte Gestalt.

Heilige der Unscheinbarkeit

Wenn wir heute vom Heiligen sprechen, dann stehen uns große leuchtende Gestalten des Christentums vor Augen wie der heilige Augustinus, der Ordensstifter Benedikt, die heilige Teresa von Ávila und in der Neuzeit die kleine Theresia und Mutter Teresa. Sie werden in der kirchlichen Heiligenverehrung oft auf ein hohes Podest gestellt, weit abgerückt vom normalen Christen, und bewegen sich in schwindelerregenden Höhen, so dass sie vom Normalchristen nicht eingeholt werden können. Das macht es heutigen Christen so schwer, sofern sie überhaupt noch ein Verhältnis zu Heiligen pflegen, in ihnen ein erstrebenswertes Vorbild zu erblicken. Dies ist aber das Ziel der Lebensbeschreibungen, wie sie uns in den gegenwärtig gebräuchlichen Religionsbüchern entgegentreten. Heilige gehören zum unverzichtbaren Kanon religionspädagogischer Erziehung. Immer noch werden diese Christen idealisiert und in ein helles Licht gestellt. Ihre dunklen Seiten werden weitgehend ausgeblendet und damit sind sie für kritische Jugendliche uninteressant, weil als Vorbild unerreichbar. Was wir brauchen, sind »problematische Heilige«, die auch in ihren Schwächen und Unzulänglichkeiten anschaulich geschildert werden. Sie müssen in ihrer Zeitbedingtheit und ganzen Menschlichkeit vor Augen gestellt werden. Man hat sie daher auch als »aufgeschlossene Sünder« bezeichnet.

Noch mehr vermögen Menschen aus ihrem Nahbereich die Aufmerksamkeit der nachwachsenden Generation zu wecken, wenn diese unspektakulär sich bemühen, in ihrem Alltag Christus nachzufolgen, indem sie sich selbstlos anderen Hilfsbedürftigen zuwenden, und sei es nur den eigenen Familienangehörigen. Romano Guardini bezeichnet sie als »Heilige der Unscheinbarkeit«. Er betont: »Der Heldenmut der Heiligen deutet sich bereits in der Liebe des alltäglichen Menschen an, der sich bemüht, um Christi willen seine Selbstsucht zu überwinden. Wenn der Glaubende sich vom Gang des Tages zutragen lässt, was er tun soll, darin den Willen des Vaters erkennt und mit Ihm in das Einverständnis des Vertrauens und des Gehorchens kommt, dann ist das ›der Weg‹ einfachhin, die Weisheit des Evangeliums selbst …«

Übersehen wir nicht die große Zahl der »kleinen« Heiligen des Alltags, die oft unerkannt neben uns leben und doch so segensreich wirken. Das kann eine Mutter sein, die ihren alltäglichen Pflichten nachkommt, die treu zu ihrem Auftrag steht. Sie nimmt die Plagen und Kümmernisse des Alltags auf sich, ohne zu klagen und zu jammern. Sie verweilt stundenlang am Bett ihres kranken Kindes. Wenn nötig opfert sie, ohne viele Worte zu verlieren, ihre Nachtruhe oder pflegt aufopferungsvoll ihren schwerkranken Ehemann. Sie erwartet dafür keine große Dankbarkeit, das ist für sie selbstverständlich. Hier begegnen einander die allgemeine gegenwärtige Vorbildorientierung und eine neue Sichtweise auf den Heiligen in unserer Zeit. Der französische Schriftsteller Victor Hugo (1802–1885) spricht einmal von einer alten Frau, die über die Straße geht. Sie hat Kinder erzogen und Undank geerntet, hat gearbeitet und lebt im Elend; sie hat geliebt und ist allein geblieben. Aber sie ist frei von allem Hass und hilft, wo sie kann. Jemand sieht sie ihren Weg gehen und sagt: »Das muss ein Morgen haben.« Er meint damit, dass dies Leben Folgen für die Frau haben wird, dass es nicht vergeblich gewesen ist.

Dabei behalten die großen Heiligen weiterhin ihre Bedeutung; sie werden für viele Christen auch in Zukunft ein entscheidender Orientierungspunkt sein, aber die vielen unscheinbaren Heiligen, die nie zur Ehre der Altäre erhoben werden, verlieren damit nicht ihre Daseinsberechtigung, sie bereichern vielmehr die Zahl der Heiligen. Durch sie wird das Spektrum der Heiligkeit erweitert, die unübersehbare Schar der Heiligen wird vielfältiger und bunter. Das kann für uns zum Ansporn werden, in ihrer Spur zu wandeln – sind wir doch alle zur Heiligkeit berufen.

Vertiefende Literatur:

H. Mendl, Modelle – Vorbilder – Leitfiguren, Stuttgart 2015

Augustinus (354–430)

Bischof und Kirchenlehrer

Menschen, die nach langem Suchen und vielen Umwegen in Jesus Christus den Weg, die Wahrheit und das Leben entdeckt haben, nennen wir Konvertiten. Sie gehörten vorher oft einer anderen Religion, Konfession oder Weltanschauung an, von der sie sich abgewandt haben. Der berühmteste Konvertit des Christentums ist kein Geringerer als der heilige Paulus, der vom fanatischen jüdischen Verfolger der Christen zum glühenden Christusanhänger wurde. Aus dem Saulus wurde vor Damaskus Paulus, der Völkerapostel. Ein berühmter Konvertit der Neuzeit ist der englische Theologe John Henry Newman. Er hatte auf Grund seiner kirchengeschichtlichen Studien über die Kirchenväter entdeckt, dass nicht die anglikanische, sondern die katholische Kirche die Treue zur apostolischen Tradition bewahrt habe. Das veranlasste ihn, zur katholischen Kirche überzutreten. Er hat seinen Glaubensweg in der Schrift »Verteidigung des eigenen Lebens« festgehalten. Später wurde er zum Kardinal erhoben und seliggesprochen. So gibt es eine lange Ahnengalerie von bedeutenden Konvertiten beiderlei Geschlechts.

An Ostern 2015 sind in Frankreich knapp 4.000 Erwachsene in die katholische Kirche aufgenommen worden. Die Hälfte dieser religiös interessierten Personen ist zwischen 20 und 35 Jahre alt. In den letzten zehn Jahren haben die Erwachsenentaufen um ein Drittel zugenommen, etwas, das wir in Deutschland nicht erreichen. Das ist eine beachtliche Zahl, wenn man bedenkt, wie stark die Säkularisierung und Entchristlichung in Frankreich vorangeschritten ist. Die Kirche führt dort ein

Randdasein in der Gesellschaft. Auch unter diesen Neugetauften dürfen wir eine große Anzahl von Menschen vermuten, die erst auf Umwegen über andere Weltanschauungen und Religionen zum katholischen Glauben gelangt sind. Denn im Zeitalter des religiösen Pluralismus werden wir mit einer unübersehbar großen Zahl von Sinnangeboten konfrontiert, zwischen denen wir auswählen müssen. Sie machen uns die Entscheidung nicht einfach.

Einer der bedeutendsten Konvertiten der Kirchengeschichte war der heilige Augustinus, der das abendländische Denken nachhaltig geprägt hat. Bis heute ist sein Einfluss auf Theologie und Philosophie unübersehbar, er ist eine überragende theologische Autorität geworden. Seine Bedeutung wird allerdings kontrovers diskutiert. Er hat sein Suchen und Ringen um die Wahrheit in den berühmten »Confessiones«, zu Deutsch: »Bekenntnisse«, festgehalten, die zum Bestand der Weltliteratur gehören. Augustinus wurde 354 in Thagaste (heute Algerien) geboren, sein Vater war Heide, seine Mutter eine fromme Christin. Der Sohn wurde nicht getauft, in seiner Jugendzeit führte er ein ausschweifendes Leben. Er nahm sich eine Konkubine zur Frau, mit der er ein uneheliches Kind zeugte. Nach seinem Studium in Karthago wurde er Rhetorikprofessor. Dem Christentum stand er ablehnend gegenüber, vor allem der Bibel. Er trat einer Sekte bei, die eine strenge Trennung zwischen Gut und Böse lehrte. Die Herkunft des Bösen erklärten ihre Anhänger durch einen kosmischen Kampf zwischen einem göttlichen und einem widergöttlichen Prinzip. Doch auf die Dauer genügte diese Sekte seiner Wahrheitssuche nicht.

In Mailand, das damals die Hauptstadt des römischen Reiches war, wandelte sich sein Leben. Er trennte sich auf Betreiben seiner Mutter von seiner Geliebten und vertiefte sich in neuplatonische Schriften, die auf Platon zurückgingen, und begann, das Christentum geistig zu erfassen. In Mailand begegnete er dem großen Bischof Ambrosius, dessen Predigten ihn begeisterten. Er wird aufmerksam gemacht auf den Wüstenvater Antonius, der in jungen Jahren der Welt entsagt hatte und in der ägyptischen Wüste ein Leben der Gotteshingabe führte. Dieses Beispiel beschämte ihn und zwang ihn zum Nachdenken über sein eigenes Leben. Über seine Hinkehr zu Christus und der Bibel berichtet er in seinen berühmten »Confessiones«. Er schreibt: »Je brennender ich sie (die Beispielgestalten christlicher Enthaltsamkeit) lieben musste, mit umso größerem Abscheu hasste ich mich, wenn ich mich mit ihnen verglich.«

In diesem verzweifelten Zustand stürzt er eines Tages in den Garten des von ihm bewohnten Hauses und legt sich unter einen Feigenbaum. Plötzlich vernimmt er die Stimme eines Kindes aus dem Nachbarhaus: »Nimm und lies es, nimm es, lies es.« Er schlägt das Neue Testament mit den Seiten des Römerbriefes auf, das er auf einen Tisch hingelegt hatte, und las dort: »Nicht in Fressen und Saufen, nicht in Wollust und Unzucht, nicht in Hader und Neid, sondern zieht den Herrn Jesus Christus an und pflegt das Fleisch nicht zur Erregung eurer Lüste.« Weiter wollte er nicht lesen, weiter war es auch nicht nötig. »Denn kaum war dieser Satz zu Ende, strömte mir Gewissheit als ein Licht ins kummervolle Herz, dass alle Nacht des Zweifelns hin und her verschwand.« Sein sich über zwölf Jahre erstreckendes Ringen um die Wahrheit war ans Ziel gelangt. Seine Mutter Monika ist überglücklich, »sie jubelt und frohlockt«. Wie hatte sie doch inständig für die Bekehrung ihres Sohnes gebetet! Und ihr Gebet wurde erhört. Ein Bischof hatte sie getröstet und zu ihr gesagt: »So wahr du lebst, es kann nicht sein, dass der Sohn solcher Tränen verloren gehe.«

Rückblickend bekennt er: »So habe ich dich geliebt, Schönheit, so alt und doch so neu, spät habe ich dich geliebt! Du warst drinnen, und ich war draußen, und dort draußen suchte ich dich, und missgestaltet warf ich mich der Wohlgestalt in die Arme, die du geschaffen. Du warst in mir, und ich war nicht bei dir.« Augustinus lässt sich mit seinem Sohn Adeodatus (zu Deutsch: von Gott gegeben) von Ambrosius taufen. Als Getaufter beschließt er ein neues Leben. Nach Haus in Afrika heimgekehrt, verschenkt er all seine Habe, er behält nur das Elternhaus, hier führt er mit seinen Gefährten ein klosterähnliches Leben, sie widmen sich der Kontemplation und leben nach den Evangelischen Räten wie in einem normalen Kloster. Sehr bald wird er in Hippo, der zweitgrößten Stadt Afrikas, gegen seinen Willen zum Priester geweiht und schließlich Bischof von Hippo.

Dieses Amt nahm er sehr ernst, er betrachtete es als »eine heilige Bürde«. Neben seinen seelsorglichen Aufgaben war er auch noch für die Rechtsprechung zuständig. In dieser Zeit entstehen die meisten seiner großen Werke, die bis heute mit seinem Namen verbunden sind. Im Zeitraum von ungefähr 45 Jahren hat er über 100 Werke, 218 Briefe und fast 600 Predigten veröffentlicht. Man fragt sich, wie er das alles noch neben seinen bischöflichen Verpflichtungen hat erledigen können. Es standen ihm zwar Schreiber zur Verfügung, denen er seine Gedanken diktiert hat. Aber das erklärt nicht die unvorstellbare Leistung. Unter diesen Werken befinden sich Abhandlungen, die bis heute die Gemüter der Philosophen und Theologen beschäftigen und heftige Kontroversen ausgelöst haben. Herausragend sind seine Schriften über die heilige Dreifaltigkeit, über den freien Willen, über den Gottesstaat, eine Deutung der Menschheitsgeschichte, und die schon erwähnte Autobiographie. Letztere Schrift kann auch heute noch mit großem Gewinn gelesen werden. Sie schildert offenherzig seinen wechselvollen Lebensweg bis zu seiner Taufe.

All diese Schriften haben Theologen und Philosophen bis heute nachhaltig beschäftigt und vielfältige Wirkungen ausgelöst. Augustinus geht es um das Ganze des christlichen Daseins; daher unterscheidet er auch nicht zwischen Theologie und Philosophie, zwischen theologischen Spekulationen und der Lebenslehre. Er hat Schriften über die christliche Erziehung verfasst, ja selbst eine musiktheoretische Schrift. Er war ein Universalgenie.

Bei so viel Genialität bleibt es nicht aus, dass ihm auch tiefgreifende Irrtümer unterlaufen sind, die viel Schaden angerichtet und eine lange Wirkungsgeschichte in der Kirche nach sich gezogen haben. Da wäre als Erstes seine Erbsündenlehre zu nennen; er wird der »Vater der Erbsündenlehre« genannt. Er ist der Überzeugung, dass die Sünde der Welt durch den Geschlechtsverkehr weitergegeben werde. Dahinter verbirgt sich seine Sicht von der menschlichen Geschlechtlichkeit, die für ihn negativ besetzt ist. Die Sexualität ist für ihn das Einfallstor für das Teuflische. Er trägt mit daran Schuld, dass in der Kirche über Jahrhunderte sich eine bedenkliche Leibfeindlichkeit ausgebreitet hat und die Sexualität nicht als Gabe Gottes betrachtet wurde. Auf Augustinus geht auch die Lehre von der doppelten Vorherbestimmung des Menschen zurück. Danach bestimmt Gott den einen zum Heil, den anderen zur Verdammnis. Welch ein düsteres Gottesbild wird damit vermittelt! Er ist überzeugt, dass nur eine Minderheit der Hölle entgehen werde. Dafür gibt es in der Schrift aber keine Anhaltspunkte. Heute wird genau das Gegenteil betont, aber auch das ist eine leichtsinnige Behauptung, die alles Mühen des Menschen um sein Heil von vornherein als unnötig erachtet. »Wir kommen

alle in den Himmel«, heißt es in einem populären Karnevals-
schlager.

Auch hat der Bischof von Hippo das Recht der Kirche ver-
teidigt, den Glauben, wenn anders nicht möglich, mit Gewalt
anderen aufzuzwingen. Dabei beruft er sich auf eine Stelle
im Lukasevangelium: »Nötige die Leute hereinzukommen«
(Lk 14,26). Diese dunkle Saat ist leider allzu reich aufgegangen,
z. B. in der Sachsenbekehrung durch Karl den Großen und in
der zwangsweisen Taufe der eingeborenen Bevölkerung Lateinamerikas. Glaube muss aber immer eine freie Entscheidung des
Einzelnen sein, er kann und darf keinem aufgezwungen werden. »Gott will keinen gezwungenen Liebhaber«, hat der heilige
Franz von Assisi gesagt. Wir sehen: Wo viel Licht ist, da breitet
sich auch das Dunkel aus.

Von Augustinus wird eine Legende überliefert, die ein helles
Licht auf sein Denken wirft, das immer von großem Staunen
über die Größe und Herrlichkeit Gottes erfüllt war. Legenden
enthalten oft mehr Wahrheit als historische Tatsachenberichte:
Eines Tages ging Augustinus, über das Geheimnis der Dreifaltigkeit nachsinnend, am Meer spazieren. Da sah er am Strand
ein Kind. Das Kind kauerte ganz dicht am Wasser. Augustinus
ging leise hin, um zu sehen, was das Kind da tat. Das Kind nahm
mit einem kleinen Löffel Wasser aus dem Meer und schüttete
es in eine kleine Kuhle, die es in den Sand gemacht hatte. »Was
tust du da?«, fragte er es. »Ich will das Meer ausschöpfen«, antwortete das Kind. »Aber«, sagte Augustinus, »du musst doch
einsehen, dass das nicht geht. Das Meer ist doch riesengroß, du
wirst es nie ausschöpfen können.« Da sah das Kind ihm ins Gesicht und erwiderte: »Augustinus, ist Gott nicht auch viel größer
als dieses Meer? Und doch versuchst du mit deinem begrenzten Verstand den unendlichen Gott zu verstehen – so wie ich

mit meinem kleinen Löffel das Meer auszuschöpfen versuche, das immerhin endlich ist.« Da erkannte Augustinus plötzlich, mit wem er gesprochen hatte. Doch im selben Moment war das Kind verschwunden.

Vertiefende Literatur:

K. Flasch, Augustin. Einführung in sein Denken, 3. ergänzte Auflage, Stuttgart 2003

Benedikt von Nursia (ca. 480–547)

Ordensgründer und Vater des abendländischen Mönchtums

Zum Erscheinungsbild der Kirche gehört das Mönchtum; dies gilt sowohl für die katholische als auch für die orthodoxe Kirche. Eine Kirche ohne Ordensfrauen und Ordensmänner ist für uns undenkbar, auch wenn Martin Luther das Mönchtum als unevangelisch abgelehnt hat. (Inzwischen gibt es auch im Protestantismus ein Wiedererwachen des Mönchtums bis hin zu ökumenischen Mönchsgemeinschaften wie in Taizé.) Weltweit umfasst es fast eine Million Ordensangehörige, Männer und Frauen.

Das christliche Mönchtum ist vor allem entstanden als Bewegung von Aussteigern, die gegen die Verweltlichung des kirchlichen Lebens protestiert haben. Wir würden sie heute als Anhänger eines alternativen Lebensstils bezeichnen. Sie haben sich für die ursprüngliche Heiligkeit der Kirche eingesetzt, die in der Spätantike verloren gegangen war. Von den Klöstern sind im Mittelalter nicht nur tiefgreifende spirituelle Impulse ausgegangen, die das kirchliche Leben bereichert haben. Sie haben auch kulturbildend gewirkt, wir brauchen dabei nur an die Klosterschulen und Bildungszentren zu denken, in denen die theologische Elite herangebildet wurde. Ihnen verdanken wir die abendländische Kultur, von der wir heute noch zehren, auch wenn das gewisse Kreise nicht wahrhaben wollen. Darüber hinaus haben sie eine große wirtschaftliche und soziale Bedeutung für die Gesellschaft gehabt, deren Mitglieder unter ihrem Dach Arbeit und Unterkunft fanden. Schließlich haben sie auch das damalige politische Geschehen maßgeblich beeinflusst. Welch eine Macht ging nicht von dem Kloster Cluny in Burgund aus, dem zeitweilig 1.000 Mönche angehörten! Allerdings entsprach das nicht ihrem geistlichen Auftrag und brachte das Evangelium in Misskredit.

Der Erste, der diesen alternativen Weg einschlug, war der »Mönchsvater« Antonius (250–356), der sich in die Wüste zurückzog und die Einsamkeit aufsuchte. Er scharte Gleichgesinnte um sich. So war das christliche Mönchswesen geboren. Im Westen sprang der Funke erst später über: In der zweiten Hälfte des 4. Jahrhunderts gründete Benedikt eine neue Ordensgemeinschaft, die Benediktiner. Er wurde zum Vater des abendländischen Mönchtums.

Er entstammte einer wohlhabenden italienischen Landbesitzerfamilie in Nursia, Piemont. In frühen Jahren schickten seine Eltern den hochintelligenten Jungen nach Rom, wo er seinen Studien nachgehen sollte. Doch er war enttäuscht von der Sittenlosigkeit seiner Mitstudenten und dem Verfall von Stadt und Kirche. So floh auch er in die Berge und suchte die Einsamkeit in Subiaco auf. Drei Jahre verbrachte er dort in totaler Abgeschiedenheit. Dabei wurden viele Menschen auf ihn und auf sein heiligmäßiges Leben aufmerksam. Eine Klostergemeinschaft erwählte ihn zu ihrem Abt. Aber seine strengen Auffassungen vom Klosterleben stießen hier auf vehementen Widerstand. Seine Mitbrüder versuchten sogar, ihn zu vergiften. Er zog sich wieder nach Subiaco zurück und gründete hier zwölf Klöster. Mit einer kleinen Schar Getreuer machte er sich auf und ließ sich mit ihnen in Monte Cassino, zwischen Rom und Neapel gelegen, endgültig nieder. Dort gründete er das Kloster, das heute noch als das Urkloster der Benediktiner gilt.

Die Mönche machten zunächst das bergige Land urbar und legten Felder an, auf denen sie Getreide anbauten. Danach errichteten sie eine kleine Kirche. Benedikt forderte von seinen Mitbrüdern körperliche Arbeit als Hingabe an den Willen Gottes. Rund 14 Jahre hat der Heilige in Monte Cassino gelebt, bis er im Jahre 547 verstarb. Es wird berichtet, dass er seinen Todestag vorausgesagt hat, wie er dies auch in anderen Fällen vermochte. Im Kreis seiner Mitbrüder empfing er die heilige Eucharistie und ist dann mit zum Gebet erhobenen Händen, von den Brüdern gestützt, gestorben.

Für seine Klostergemeinschaft hat er eine Regel entworfen, die, wie sein Biograph, Papst Gregor der Große, auch er ein Benediktiner, schrieb, »einzigartig in weiser Mäßigung und glänzend geschrieben« ist. Seit dem 9. Jahrhundert hat sie sich im ganzen westlichen Abendland durchgesetzt. Alle späteren Regeln haben sich an ihr ausgerichtet. Bis heute orientieren sich auch in der Welt lebende Christen an dieser Regel, die wegen ihrer Ausgewogenheit und Konkretheit ihresgleichen sucht. So konnte Papst Johannes Paul II. zu Recht sagen: »Die Weisungen, die sie enthält und die in ihr aufleuchten, haben auch für unsere Zeit noch ihre Bedeutung und können allen eine Hilfe sein, die in der Taufe wiedergeboren und im Glauben gereift sind.« Sie ist »ein folgerichtiger und reichhaltiger Leitfaden zur Verwirklichung des Evangeliums«. Bei Konzilien und Reichstagen lag sie neben dem Evangelium auf dem Verhandlungstisch. Werfen wir einen Blick auszugsweise in die 73 Kapitel und greifen wir einige Schwerpunkte heraus:

1. »Der Abt möge alles mit Maß ordnen.« Es fällt auf, welch herausragende Stellung hier der Abt einnimmt. Ihm gegenüber ist der Mönch zum strengen Gehorsam verpflichtet; denn wer ihm gehorcht, der gehorcht Jesus Christus. Er muss die Unterscheidungsgabe besitzen, ein feines Gespür für das haben, was der Einzelne und die Gemeinschaft benötigen. Zugleich haben

alle das gleiche Wahlrecht. Es gibt aber auch die Möglichkeit, in gemeinsamen Beratungen eigene Meinungen vorzutragen. So haben wir es hier mit einem demokratisch abgefederten absoluten Führungsstil zu tun.

2. Bei allen Beratungen sollen auch die Jüngeren zu Gehör kommen; denn sie sind weniger festgefahren und offen für neue Wege, die einzuschlagen sind. So sagt Benedikt: »Wir haben darum bestimmt, dass alle zur Beratung gerufen werden, weil der Herr oft einem jüngeren Bruder offenbart, was das Beste ist.«

3. Die Gastfreundschaft hat für Benedikt höchste Priorität. Der Grundsatz lautet: »Die Gäste sollen wie Christus empfangen werden.« Ein jeder, der schon einmal die benediktinische Gastfreundschaft genossen hat, weiß diese zu schätzen.

4. »Die Sorge für die Kranken ist höchste Pflicht.« In den Kranken dient man Christus selbst. Die Kranken werden in eigenen Räumen untergebracht und sollen dort liebevoll gepflegt werden. Sie sind vom Fastengebot dispensiert.

5. Die Mönche sollen von ihrer eigenen Hände Arbeit leben, sollen Selbstversorger sein. Daher gehört zu jedem Benediktinerkloster ein Garten, aber auch andere Werkstätten. Auch Gartenarbeit ist in seinen Augen Gottesdienst. Im Garten führt der Mönch das Schöpfungswerk Gottes fort. Die Arbeit im Garten und das gemeinsame Gotteslob in der Kirche gehören zusammen. Damit hat er die Trennung zwischen profanem und sakralem Tun aufgehoben. Der Wahlspruch »Ora et labora« geht zwar nicht auf ihn zurück, er bringt aber die Intention Benedikts treffend zum Ausdruck. In der Antike war Handarbeit verpönt, das war Sache der Sklaven. Für den Heiligen hat sie jedoch einen hohen Stellenwert, sie schützt vor Müßiggang; denn dieser »ist ein Feind der Seele«. Auf der anderen Seite schärft Benedikt seinen Mönchen ein: »Nichts darf dem Gottesdienst vorgezo-

gen werden.« Das ist kein Widerspruch, sondern zeigt nur die Rangfolge der Tätigkeiten auf.

6. Benedikt ist ein Realist, Er weiß, dass der Mensch auch scheitern kann. Daher gibt er jedem Bruder, der austreten will, drei Mal die Chance, wieder aufgenommen zu werden.

7. Für das Zusammenleben der verschiedenen Generationen hat Benedikt die Devise ausgegeben: »Die Älteren ehren, die Jüngeren lieben.« Auf der einen Seite sollen die Älteren respektvoll und voll Dankbarkeit behandelt werden, zugleich schätzt der Heilige die Jungen, mit deren Hilfe das Kloster fortbesteht. Jedes Benediktinerkloster ist autonom. Es muss selbst für seine Existenz und seinen Fortbestand Sorge tragen. Kein anderes Kloster kann ihm dabei zur Hilfe eilen. Wenn es wirtschaftlich oder auf Grund von mangelndem Nachwuchs in seinem Bestand gefährdet ist, muss es seine Pforten schließen, wie dies unlängst in Siegburg bei Bonn geschehen ist.

8. »Sich täglich den drohenden Tod vor Augen halten.« Der Mönch muss stets im Angesicht des Todes leben und darf ihn nicht, wie es heute üblich ist, verdrängen. Auf diese Weise erhält das Leben einen ganz anderen Stellenwert, man weiß es besser zu schätzen und lebt intensiver.

9. Schließlich gehört zur benediktinischen Spiritualität die Ortsgebundenheit. Zu einer Zeit, da alle Welt unterwegs war, sich auf der Völkerwanderung befand, war diese Forderung revolutionär. Ein Mönch bleibt zeit seines Lebens an das Kloster gebunden, in das er eingetreten ist. Er kann es nicht verlassen, es sei denn, besondere Aufträge zwingen ihn dazu.

Mit der Gründung des Benediktinerordens, der heute auf der ganzen Welt verbreitet ist, und der Herausgabe der »Regel des Benedikt« kann er zu Recht der »Vater des abendländischen Mönchtums« genannt werden. Neuerdings schmückt ihn auch noch das Prädikat »Patron Europas«. Wenn sich Europa in der Spur dieses Heiligen bewegt, dann kann es aus tieferen Quellen Kraft schöpfen und muss nicht auf eine Wirtschafts- und Finanzunion reduziert werden. Dann erhält »das gemeinsame Haus Europas« (Johannes Paul II.) seine Seele zurück.

Vertiefende Literatur:

G. Holzherr, Die Benediktsregel. Eine Anleitung zum christlichen Leben, Zürich 1980

Dietrich Bonhoeffer (1906–1945)

Märtyrer und evangelischer Theologe

Weit bekannt ist das Lied: »Von guten Mächten treu und still umgeben«, dessen letzte Strophe lautet: »Von guten Mächten wunderbar geborgen, erwarten wir getrost, was kommen mag. Gott ist bei uns am Abend und am Morgen und ganz gewiss an jedem neuen Tag.« Es wird gern bei Hochzeiten und am Jahresende gesungen. Es fand auch Aufnahme in das neue Gotteslob (Nr. 403). Über 70 Mal wurde es vertont. Es wurde gewissermaßen zu einem weitverbreiteten religiösen Schlager. Nicht alle dürften den Verfasser des Gedichtes kennen und noch weniger dessen persönlichen Hintergrund. Der Verfasser ist der evangelische Theologe Dietrich Bonhoeffer, einer der anregendsten und weitsichtigsten Theologen der Neuzeit. Geschrieben hat er den Text 1944 »mit gefesselten Händen« in einem Brief an seine Verlobte. Er befand sich in Haft wegen seiner Mitarbeit an dem Widerstand gegen den Despoten und Massenmörder Adolf Hitler. Dafür ist er bereitwillig in den Tod gegangen als christlicher Märtyrer und Glaubenszeuge.

Im jungen Alter von gerade 21 Jahren wurde er mit einer theologischen Arbeit über die Gemeinschaft der Glaubenden promoviert. Es ist erstaunlich, wie positiv er als lutherischer Theologe hier das Phänomen der real existierenden Kirche behandelt. Hatte doch sein theologischer Gewährsmann, Martin Luther, die sichtbare Kirche nur als eine Notgemeinschaft betrachtet und die wahre Kirche Jesu Christi als unsichtbare verstanden. Einem Romaufenthalt verdankt er das Verständnis für die Universalität der Kirche. »Damals hat sich in Bonhoeffer eine kritische Liebe zur Schwesterkirche entzündet«, sagt sein Biograph und Freund Eberhard Bethge. Mit 24 Jahren war er bereits Privatdozent. Eine glänzende akademische Karriere eröffnete sich ihm wie seinem Vater, einem angesehenen Professor für Psychiatrie an der Charité in Berlin. Ihm wurde in Amerika ein Lehrstuhl für Systematische Theologie angeboten, den er aber abgelehnt hat. Stattdessen entschied er sich auf Grund der Zeitumstände für einen anderen Weg, der am Ende in den gewaltsamen Tod führte. Sein Engagement in der Welt der Politik rechtfertigte er mit den Worten: »Wenn die Kirche den Staat ein Zuviel oder ein Zuwenig an Ordnung und Recht ausüben sieht, kommt sie in die Lage, nicht nur die Opfer zu verbinden, sondern dem Rad selbst in die Speichen zu fallen.«

Darin erblickte er seine Berufung, »dem Rad selbst in die Speichen zu fallen«. Schon 1933 engagierte er sich für die verfolgten Juden, deren Schicksal ihn tief berührte. Seine Zwillingsschwester war mit einem Halbjuden verheiratet. Sie konnten sich noch rechtzeitig nach England absetzen. Er klagte offen das herrschende Regime an, aber auch den Antisemitismus in den eigenen kirchlichen Reihen. In unserer Kirche hat sich ebenfalls kein deutlicher Protest gegen den Mord an den jüdischen Mitbürgern geregt. Zugespitzt hat Bonhoeffer einmal gesagt: »Nur wer für die Juden schreit, darf auch gregorianisch singen.« Er traf die Entscheidung, am aktiven Widerstand gegen das Naziregime teilzunehmen – und schloss sich der Widerstandsgruppe um Admiral Canaris, den Chef der Abwehrorganisation, und Graf Stauffenberg an. Diese Bereitschaft nahm auch die Ermordung des Diktators in Kauf. Eine solche Teilnahme war in der evangelischen Kirche, auch noch nach dem Kriege, höchst umstritten. Für Luther war gemäß dem Römerbrief (Röm 13,1 f.) die staatliche Gewalt von Gott eingesetzt, der man zu gehorchen habe. Diese Einstellung hat nach dem Krieg dazu geführt, dass man Bonhoeffer den Status eines Märtyrers lange Zeit verweigert hat. Er hatte gegen diese vom Reformator vorgegebene Linie verstoßen.

Seit dem Mittelalter wird über den sog. Tyrannenmord diskutiert. Es geht hier um die Frage, ob es unter bestimmten Bedingungen erlaubt sei, den Tyrannen zu töten. Die Mehrzahl der evangelischen Theologen lehnt die gewaltsame Beseitigung des Tyrannen ab und erblickt darin einen Mord. Die mittelalterlichen Theologen und heutigen katholischen Moraltheologen nehmen dagegen eine moderatere Haltung an. Sie sieht folgendermaßen aus: Man muss zunächst versuchen, auf gewaltfreie Weise die Tyrannei zu beseitigen. Zum Beispiel, indem man den Unrechtstäter ohne Gewalt zur Niederlegung der staatlichen Macht veranlasst. Lässt er sich nicht auf diesen Verzicht ein, und sind alle anderen friedlichen Mittel erschöpft, um größeres Unheil vom Gemeinwesen abzuwehren, ist eine gewaltsame Entfernung gerechtfertigt, auch wenn sie zum Tode des Despoten führt. In diesem Falle lädt man keine Schuld auf sich. Bonhoeffer hat sich bei seinem aktiven Widerstand für die Ermordung Hitlers entschieden, zugleich fühlte er sich aber schuldig. Aus diesem Gewissenskonflikt sah er keinen Ausweg.

Nach dem gescheiterten Attentat auf Hitler am 20. Juli 1944 wurden alle wegen ihres Widerstandes Verdächtigen verhaftet, darunter auch Dietrich Bonhoeffer. Er kam zunächst in das Gefängnis in Berlin-Tegel, das sich nicht in den Händen der Gestapo befand. Ihm wurde »Zersetzung der Wehrkraft« vorgeworfen. Nun setzte eine lange Zeit der Haft ein, die Bonhoeffer zu einem regen Briefwechsel und zum Verfassen von Gebeten verwendete. Er hat sie nicht zu Ende führen können. Für Nichttheologen sind seine Briefe und die aus dem Gefängnis herausgeschmuggelten Aufzeichnungen ergiebiger. Sie sind nach dem Krieg unter dem Titel »Widerstand und Ergebung« veröffentlicht worden und haben weltweit für großes Aufsehen gesorgt. Bis heute finden sie dankbare Leser. Darin macht er sich Gedanken über die Zukunft der Kirche und des Christentums nach dem verlorenen Krieg. Aus ihnen spricht ein Christ, der sich bewusst in die Nachfolge Jesu begeben und sein Vertrauen auf die Nähe Gottes nicht aufgegeben hat. In einem Brief an einen engen Freund schreibt er: »So habe ich mich noch keinen Augenblick allein und verlassen gefühlt. … Wenn es im alten Kinderlied von den Engeln heißt: ›zwei, die mich decken, zwei, die mich wecken‹, so ist diese Bewahrung am Abend und am Morgen durch gute unsichtbare Mächte etwas, was wir Erwachsene heute nicht weniger brauchen als die Kinder.« Und in seinem eingangs erwähnten Lied heißt es in der dritten Strophe: »Und reichst du uns den schweren Kelch, den bittern, des Leids gefüllt bis an den höchsten Rand, so nehmen wir ihn dankbar ohne Zittern aus deiner guten und geliebten Hand.« Welch tiefer, unerschütterlicher Glaube spricht aus diesen Zeilen, die er mit »gefesselten Händen« geschrieben hat! Die Aufseher im Gefängnis waren erstaunt, mit welch heiterer Gelassenheit »wie ein Gutsherr aus seinem Schloss« er ihnen entgegentrat, obwohl er den Tod vor Augen hatte. Dabei sind ihm dunkle Stunden keineswegs erspart geblieben, von ihnen schreibt er auch: »An die physischen Belastungen gewöhnt man sich, ja man lebt monatelang sozusagen leiblos – fast zu sehr –, an die psychischen Belastungen gewöhnt man sich nicht, im Gegenteil; ich habe das Gefühl, ich werde durch das, was ich sehe und höre, um Jahre älter und die Welt wird mir oft zum Ekel und zur Last.«

Nur zu natürlich sind solche Reaktionen in einer langen Haftzeit, auch Bonhoeffer war ein Mensch und nur bis zu einem gewissen Grade belastbar. Gleichwohl überwiegt in seinen Bekundungen aus dem Gefängnis das ungebrochene Vertrauen in die Führung Gottes. Und als er auf persönlichen Befehl Hitlers im KZ Flossenburg am 9. April 1945 hingerichtet wurde, lauteten seine letzten Worte, an einen befreundeten anglikanischen Bischof in England gerichtet: »Sagen Sie dem Bischof, dies ist für mich das Ende, aber auch der Anfang. Mit ihm (dem Bischof) glaube ich an unsere universale christliche Bruderschaft, die sich über alle nationalen Interessen erhebt, und glaube daran, dass uns der Sieg gehört.« Bis zuletzt hat er sich den unerschütterlichen Glauben bewahrt, den kein irdisches Gericht in Frage stellen konnte. Zehn Jahre nach der Hinrichtung Bonhoeffers erinnert sich der damalige KZ-Arzt und Augenzeuge: »Die hingebungsvolle und erhörungsgewisse Art des Gebetes dieses außerordentlich sympathischen Menschen hat mich aufs Tiefste erschüttert … Ich habe in meiner fast fünfzigjährigen ärztlichen Praxis kaum je einen Mann so gottergeben sterben sehen.« Seine Worte aus dem Gefängnis können unseren angefochtenen Glauben neu aufrichten:

Komm, höchstes Fest auf dem Wege zur ewigen Freiheit,
Tod, leg nieder beschwerliche Ketten und Mauern
unseres vergänglichen Leibes und unserer verblendeten Seele,
dass wir endlich erblicken, was hier uns zu sehen missgönnt ist.
Freiheit, dich suchten wir lange Zeit in Zucht und in Tat und in Leiden.
Sterbend erkennen wir nun im Angesicht Gottes dich selbst.

Vertiefende Literatur:

D. Bonhoeffer, Widerstand und Ergebung. Briefe und Aufzeichnungen aus der Haft. Hrsg. von E. Bethge, Gesammelte Werke Bd. 1, 2015

Don Bosco (1815–1888)

Patron der Jugend und der Jugendseelsorge

»Dieser Mensch ist verrückt«, so dachte in den 40er Jahren des 19. Jahrhunderts ganz Turin und auch ein Großteil der in Turin tätigen Priester über Don Bosco, er erschien ihnen geistig nicht ganz gesund. Sogar seine Freunde waren davon überzeugt, dass er wahnsinnig sei. Zwei vom Ordinariat geschickte Priester erschienen bei ihm und verwickelten ihn in ein längeres Gespräch. Schließlich luden sie ihn zu einer Kutschfahrt ein. Don Bosco erzählt in seinen Erinnerungen: »Ich durchschaute das Spiel, das sie mit mir vorhatten. Ohne mir etwas anmerken zu lassen, begleitete ich sie zur Kutsche, bestand aber darauf, dass sie als Erste einstiegen. Aber anstatt dann auch einzusteigen, verriegelte ich die Tür und rief dem Kutscher zu: ›Schnell ins Irrenhaus. Die beiden Herren werden erwartet.‹ Sie landeten so selbst für einige Stunden hinter Gittern.«

Was war der Anlass für die Ablehnung des jungen Priesters und wer war dieser so umstrittene und bauernschlaue Mann? Er entstammte ärmlichen ländlichen Verhältnissen. Mit zwei Jahren verlor er seinen Vater. So musste jeder auf dem kleinen elterlichen Hof mitarbeiten. An den Besuch einer weiterführenden Schule oder an ein Studium war anfangs nicht zu denken. Mit neun Jahren hatte er eine Berufungsvision in Gestalt eines Traumes: In einem Hof sah er eine Horde herumlungernder und fluchender Gassenjungen. Als er dazwischenfahren wollte, sprach ein vornehmer und »von innen leuchtender Mann« zu ihm: »Stelle dich an die Spitze der Jungen! Nicht mit Schlägen, sondern mit Milde, Güte und Liebe musst du dir diese zu Freunden gewinnen. Mach dich also gleich daran, sie über die Hässlichkeit der Sünde und über die Kostbarkeit der Tugend zu belehren.« Als er einen Einwand dagegen formulieren wollte, verwies ihn der Mann auf eine »Lehrerin, eine majestätische Dame«.

Sein Studium musste er selbst finanzieren durch die Annahme von Gelegenheitsarbeiten als Tischler, Schmied, Schneider, Kellner, Konditor und Seiltänzer. Seine Mutter, die weder lesen noch schreiben konnte, führte ihn in die Welt des Glaubens ein. Sie bereitete ihn auf die Beichte, Kommunion und Firmung vor. Am Tag seiner Priesterweihe sagte sie zu ihm: »Jetzt bist du Priester und Gott nahe. Ich habe deine Bücher nicht gelesen, doch denke daran, dass Messelesen der Beginn der Schmerzen bedeutet. Ab jetzt denke nur an die Rettung der Seelen und sorge dich nicht um mich.«

Die norditalienische Stadt Turin stand damals im Zeichen der ersten Industrialisierung. Viele Immigranten bevölkerten die Stadt, aber auch viele Kinder und Jugendliche, um die sich keiner kümmerte. Es bildeten sich regelrechte Banden. Auch andere Priester kümmerten sich um sie, aber sie ließen sich mehr von politischen Parolen beeinflussen und verwendeten andere pädagogische Methoden. Don Bosco ließ sich davon nicht beeindrucken, er war nur am Wohl seiner Buben interessiert. Er sammelte sie in einem Oratorium, das von der Polizei streng überwacht wurde, anfangs war es nur eine Lagerhalle. Die Jugendlichen, um die sich Don Bosco sorgte, hatten keinen Kontakt zu den normalen Pfarreien. Don Bosco nahm seine Mutter zu sich, die ihm bei seiner Arbeit mit den Kindern und Jugendlichen eine wertvolle Hilfe war. Die Zahl wuchs sehr schnell, die ersten schliefen bei ihm und seiner Mutter, die von seinen Jungen »Mamma Margerita« genannt wurde. (Sie ist später seliggesprochen worden.) Er suchte nach Mitarbeitern und gründete eine Gemeinschaft von Priestern, aus der die spätere Kongregation der Salesianer hervorgegangen ist. Er weitete seine Tätigkeit immer mehr aus, auch über Turin und Italien hinaus, gründete Sonntags- und Abendschulen und ein Internat.

Als er 1888 starb, umfasste die Kongregation bereits 773 Salesianer und 276 Novizen in 57 Häusern. Viele seiner Zöglinge entdeckten ihre Berufung und wurden Mitglieder der Kongregation. Heute gehören 15.500 Mitglieder dieser weltweiten Kongregation an, die sich auch der Missionstätigkeit in Südamerika widmet. Don Boscos Beisetzung gestaltete sich zu einem Triumph für seine Person und sein Werk. 200.000 Menschen erwiesen ihm die Ehre, mehr, als Turin damals an Einwohnern verzeichnete. Er wurde zu Recht von der Kirche zum Patron der Jugend und der Jugendarbeit erhoben. Don Bosco gründete auch einen weiblichen Zweig der Salesianer, die Schwestern des Don Bosco, die sich in seinem Geiste ebenfalls elternloser, gefährdeter Kinder und Jugendlicher annehmen. Dazu kam noch eine Gemeinschaft von Laienmitarbeitern und Laienmitarbeiterinnen, die zum Teil ehrenamtlich tätig sind. So ist der Orden beispielsweise in mehr als 130 Ländern aktiv, um Straßenkindern neue Perspektiven zu schaffen.

Was zeichnet die Pädagogik von Don Bosco aus, die damals auf großen Widerstand stieß und sich erst langsam durchsetzte? Er hat keine Theorie entwickelt, sondern legte sein Augenmerk auf die Praxis. Sein höchstes Ziel war die Erziehung, vor allem die religiöse Erziehung, der Jugend, insbesondere der armen und benachteiligten Jugendlichen. Sein größtes Vorbild war dabei Jesus Christus, die Mensch gewordene Liebe Gottes. Ihm wollte er nachfolgen. Er hat uns das tiefste Wesen Gottes enthüllt: die Liebe. In seiner Pädagogik spielt die Liebe die Hauptrolle. Er wollte die Kinder und Jugendlichen mit Liebe und Sanftmut begleiten und ihnen zeigen, wie wertvoll es ist, geliebt zu werden. Seine Erziehung ist stark vom Erlebnis geprägt, er hielt sie für wirkungsvoller als die Erziehung durch Belehrung und Zurechtweisung, wie sie zu seiner Zeit vorherrschend waren. Die Erlebnisse bestanden aus Wanderungen, Spielen in der Freizeit, Geschichten erzählen bis hin zu Zauberkünsten. Er hatte als Kind durchreisende Gaukler erlebt, deren Zauberkünste er sich aneignete. Sie führte er seinen Kindern und Jugendlichen vor, aber immer verbunden mit einer geistlichen Ansprache oder einem Gebet. Aber auch Lernen und Arbeiten gehörten zu den Erziehungszielen.

Während zur damaligen Zeit Sanktionen und körperliche Züchtigungen zu den gängigen Erziehungsmitteln zählten, war Don Bosco der Ansicht: »Man erreicht mehr mit einem freundlichen Blick, mit einem guten Wort der Ermunterung, das Vertrauen einflößt, als mit vielen Vorwürfen.« Er wollte die Jugendlichen so erziehen, dass sie erst gar nicht die Gelegenheit erhielten, Schlechtes zu tun. Vor allem müssten die Zöglinge sich angenommen und bejaht fühlen. Bei seiner Erziehung verzichtete er auf die Anwendung von Gewalt, das war damals revolutionär. In einem Rundschreiben betont er: »Mit diesem System will ich euch sagen, dass Zwangsmaßnahmen niemals angewendet werden dürfen, sondern immer nur die Mittel der Überzeugungen und der Liebe ... Bemühen wir uns zuallererst darum, dass man uns liebt, bevor man uns fürchtet.« Das Verhältnis zwischen Erzieher und Zögling sollte kein hierarchisches sein, sondern ein freundschaftliches. Nur über die Freundschaft erreicht man die Herzen von Kindern und Jugendlichen. Ganz wichtig war ihm, dass seine Kinder und Jugendlichen immer von einer Atmosphäre der Freude umgeben waren. Er selbst war ein fröhlicher, lebensbejahender Mensch. Seine Lebensdevise lautete:

»Fröhlich sein, Gutes tun und die Spatzen pfeifen lassen.« Schon als Schüler gründete er den »Bund der Fröhlichen«. Sein Ziel war, nur Gutes zu hören und zu erzählen und Schlechtes zu vermeiden. Diese Ziele verfolgen heute noch die Institutionen, die von Salesianern in der ganzen Welt geleitet werden. Dabei wird die Ordensgemeinschaft von 148.000 Mitarbeitern und Mitarbeiterinnen unterstützt, seien es Haupt- oder Ehrenamtliche.

Man hat Don Bosco vorgeworfen, dass er die Ursachen des sozialen Elends in seiner Zeit nicht aufgedeckt, sondern lediglich den Armen geholfen hat. Darauf hat er geantwortet: »Überlassen wir anderen religiösen Orden Pläne und politische Aktion. Wir gehen direkt zu den Armen.« Er wollte kein Politiker sein.

Überblickt man den Werdegang dieses Priesters aus ganz bescheidenen Verhältnissen, so ist man erstaunt, welch großes Werk er hinterlassen hat und wie inspirierend er noch heute wirkt. Sein tiefer Glaube hat ihn dazu befähigt, sein großes Gottvertrauen und seine Marienfrömmigkeit, die auch ein Kennzeichen salesianischer Spiritualität ist. In einer Zeit, da in den westlichen Kirchen die Jugend sich von der Kirche abgewandt hat und sich in einem religiösen Niemandsland befindet, benötigen wir Erzieher und Erzieherinnen, die im Geist von Don Bosco Kindern und Jugendlichen die Gewissheit vermitteln, dass sie geliebt werden und wertvoll sind. Zugleich müssen sie auch vom Geist Jesu Christi durchdrungen sein, in dem Gottes Liebe zu uns Menschen Gestalt angenommen hat.

Vertiefende Literatur:

J. Bosco, Erinnerungen. Autobiographische Aufzeichnungen über die ersten 40 Jahre eines Lebens im Dienst an der Jugend, München 1988

Don Bosco (1815–1888)

Dom Hélder Câmara (1909–1999)

Bischof der Armen

Normalerweise erleben wir Bischöfe, die ihre Gläubigen zur
Umkehr auffordern. Sie selbst erwecken den Eindruck, dass sie
nicht mehr der Umkehr bedürfen. Und doch gibt es einen Bischof, der in einem Interview von seiner Bekehrung offen gesprochen hat. Er heißt Dom Hélder Câmara und stammt aus
Brasilien. In den Jahren nach dem Konzil, an dem er teilgenom-
men hatte, war er in der Öffentlichkeit, auch in Europa, sehr bekannt, wenn auch nicht unumstritten. Für die einen war er der
»rote Bischof«, für andere eine charismatische Erscheinung, die
sich ganz in den Dienst der Armen gestellt hatte.

Was hatte seine Bekehrung ausgelöst? Er war mit der Orga-
nisation des Internationalen Eucharistischen Kongresses 1955 in
Rio de Janeiro beauftragt. Nach Beendigung des hervorragend
organisierten Kongresses sprach ihn Kardinal Gerlier aus Lyon
an, ein Freund von ihm und Pionier der »Arbeiterpriester«, und
sagte zu Câmara: »Weshalb setzen Sie das Ihnen vom Herrn
verliehene Organisationstalent nicht im Dienst der Armen ein?
Sie müssen wissen, dass Rio de Janeiro zwar eine der schönsten
Städte der Welt ist, aber auch eine der grauenvollsten; denn die
in diesem herrlichen Rahmen existierenden Favelas sind eine
Beleidigung für den Schöpfer.« Diese Bemerkung löste im Bischof eine heilsame Umkehr aus. Er bekannte: »Durch Kardinal
Gerlier wurde mir die Gnade des Herrn zuteil … Und die Gnade
des Herrn erschütterte mich. Ich wurde vom Pferd geschleudert,
wie Saulus auf dem Weg nach Damaskus. Ich küsste dem Kardinal beide Hände. ›Dies ist ein Wendepunkt in meinem Leben!

Sie werden sehen, ich weihe mich den Armen.«" Und er hat Wort gehalten. Dom Hélder hatte die Eucharistie mit neuen Augen sehen gelernt, als »Eucharistie der Armen«. Denken wir beim Empfang der Eucharistie auch an die Armen? Wohl kaum. Wir sind uns nicht einmal bewusst, dass wir in der Eucharistie auch die Schwestern und Brüder empfangen, die mit uns kommunizieren, worauf uns der heilige Augustinus hinweist. Dabei sollen wir, die wir das heilige Brot empfangen, selbst für andere zum Brot werden, sollen unser Brot mit ihnen teilen, vor allem mit denen, die sich nicht vom täglichen Brot sättigen können. Liturgie und Caritas gehören unlösbar zusammen.

Wer aber war dieser Bischof, der sich selbst nur als »kleiner Bischof der Dritten Welt« verstand? Er kam in Fortaleza im Norden Brasiliens in einer mittelständischen Familie zur Welt. Sie war nicht mit Reichtum gesegnet. Die Eltern hatten 13 Kinder, von denen aber fünf sehr jung gestorben sind. Die Mutter war Lehrerin und sehr fromm, der Vater bekleidete ein bescheidenes Amt in einer Handelsgesellschaft. Er war Freimaurer wie alle in seiner Familie, aber nicht unreligiös, eher antiklerikal eingestellt. Seine Abneigung richtete sich gegen eine bestimmte Art von Priestertum und gegen gewisse Missbräuche in der Kirche.

Schon früh regte sich im Jungen der Wunsch, Priester zu werden. Seine Eltern legten ihm keine Steine in den Weg, sahen sich aber nicht in der Lage, sein volles Studium zu finanzieren. Mit 22 Jahren wurde er zum Priester geweiht, dazu brauchte er eine Sondergenehmigung, weil normalerweise die Priesterweihe erst mindestens 24-Jährigen gespendet wird. Zunächst engagierte er sich im Bildungs- und Erziehungswesen; dabei geriet er in den Sog faschistischer Kräfte in Kirche und Staat, was er später als Irrtum bereute. 1952 wird er zum Weihbischof in Rio de Janeiro ernannt. In dieser Zeit arbeitete die Kirche eng mit dem Staat und der Regierung zusammen und entfernte sich so vom Volk. Das ging dem Bischof erst viel später auf. Damit erkannte die Kirche die geltende Ordnung und auch die Ungerechtigkeit an, die im Lande herrschte. Erst 1964 ist die brasilianische Kirche zur Opposition gegenüber dem Staat übergegangen, so lange war sie noch Steigbügelhalter der Mächtigen und Einflussreichen.

Jetzt erst beziehen die Bischöfe eine Position für das Volk, für die Unterdrückten, für die Stimmlosen. Sie sprechen von »Befreiung«. Auch bei uns droht immer noch die Gefahr, dass die Kirche sich an politische Kräfte anlehnt und damit ihre Eigenständigkeit aufgibt. Sie verliert damit ihr Wächteramt gegenüber dem Staat. Zu lange hat in der Geschichte die Ehe von Thron und Altar gedauert.

Erst als Dom Hélder Erzbischof von Olinda und Recife im Nordosten Brasiliens wird, kann er sich ganz den Bedürfnissen der Armen und Ausgebeuteten widmen. Sehr bald kommt es zum Konflikt mit den Mächtigen, nachdem das Militär erfolgreich geputscht hat. Er leistet Widerstand. Dies trägt ihm die Verfolgung durch die Militärdiktatur ein. Er wird als »roter Bischof« diffamiert und darf nicht mehr publizieren. Im Fernsehen darf er nicht auftreten. Ja, nicht einmal sein Name durfte erwähnt werden. Als so gefährlich erachteten sie ihn. Man benutzte seine Mitarbeiter als Geiseln gegen ihn, folterte und ermordete sie, was ihn am meisten bedrückte. Sein Haus wurde mehrmals mit Maschinenpistolen beschossen. Dabei war er nicht einmal in den Bischofspalast eingezogen, sondern bewohnte nur drei bescheidene Zimmer in der Innenstadt. Auf ein eigenes Auto verzichtete er. Als sein Sekretär ermordet wurde, prangerte er schonungslos die Folterpraxis vor 10.000 Zuschauern im Palais des Sports in Paris an. In seinem Kampf gegen die Militärdiktatur stand er oft allein da, weil seine Mitbrüder aus Angst vor dem Kommunismus im damaligen Staat den Garanten für eine christliche Gesellschaftsordnung erblickten und ihn deshalb stützten.

Während er in Brasilien als Kommunist beschimpft wurde, fand er im Ausland hinreichend Unterstützung für seinen gewaltlosen Kampf gegen Ungerechtigkeit und Folter. Viele Universitäten, auch in Deutschland, verliehen ihm den Grad eines Ehrendoktors oder luden ihn zu Vorträgen ein. Leider fand er in Rom nicht die nötige Unterstützung für sein Anliegen, und bezeichnend ist, dass selbst sein Freund Paul VI. ihn als seinen »kommunistischen Bischof« bezeichnete. Dabei war er alles andere als ein Kommunist. Ihm ging es um Gerechtigkeit gegenüber denen, die über keine Macht und Stimme verfügten, die sich nicht Gehör verschaffen konnten. Ihnen wollte er seine Stimme leihen, für sie nahm er all das Ungemach und die Verleumdungen auf sich. Er setzte sich an die Spitze von gewaltfreien Demonstrationen für die Rechte der Armen, denen die Großgrundbesitzer das Recht auf Grund und Boden streitig machten oder die ihnen die Fischfangrechte beschneiden wollten. Er sagte einmal: »Wenn ich den Armen zu essen gebe, nennen sie mich einen Heiligen. Aber wenn ich frage, warum die Armen nichts zu essen haben, schimpfen sie mich einen Kommunisten.«

Für ihn war »das menschliche Elend eine Beleidigung Gottes, es würdigt die Menschen zu Tieren herab«. Gott erblickte und hörte er »in den Armen, in den Unterdrückten, in den Opfern der Ungerechtigkeit, für die wir alle nur allzu oft mitschuldig sind«. Solche Worte sind uns heute vertraut; denn wir vernehmen sie aus dem Munde von Papst Franziskus, der in Dom Hélder einen Gesinnungsbruder erblicken kann. Er vertritt die

Dom Hélder Câmara (1909–1999)

gleichen Gedanken und verleiht ihnen kraft seiner päpstlichen Autorität noch größeren Nachdruck. Dabei stößt auch er auf Widerstand und Kritik. Dennoch lässt uns das hoffen, dass das Mühen von Dom Hélder nicht vergeblich war. Seine prophetische Stimme ist nicht verstummt, sondern wird durch den Papst neu und unüberhörbar vernehmbar. Dank des neuen Papstes ist der Seligsprechungsprozess für Dom Hélder Câmara eröffnet worden, dem auf diese Weise die ihm zukommende Ehrung nachträglich zuteilwird, wie auch Óscar Romero von El Salvador, der vor kurzem seliggesprochen worden ist.

Nach seinem altersbedingten Rücktritt wurde er gezielt durch einen konservativen Nachfolger ersetzt, der die lateinische Sprache besser verstand als die Sprache der Armen. Viele von Dom Hélder gegründete Einrichtungen wurden wieder geschlossen.

Wenn ich so ausführlich das soziale und politische Engagement des Erzbischofs herausgestellt habe, dann dürfen wir dabei nicht übersehen, dass er auch ein Mann des Gebetes und der Meditation war. Er benötigte nur wenig Schlaf. Schon frühmorgens hielt er Nachwache in seiner Kapelle und verbrachte dort Stunden mit Mediation und Anbetung. Seine Gebete und Meditationen sind auch in deutscher Übersetzung verfügbar. Pflegen wir sein kostbares Erbe und bekennen wir uns zu einer »armen Kirche«, die schon auf dem II. Vatikanischen Konzil proklamiert wurde, aber bislang noch nicht hinreichend realisiert worden ist.

Vertiefende Literatur:

Dom Hélder Câmara, Die Bekehrung eines Bischofs, aufgezeichnet von J. de Broucker, Wuppertal 1978

Bartolomé de Las Casas (1474/1484–1560)

Historiker und Apostel der Indianer

Nicht zu Unrecht hat man der katholischen Kirche vorgeworfen, sie habe auf die Idee und Bewegung der Menschenrechte, wozu auch das Recht auf Religionsfreiheit gehört, mit Ablehnung reagiert. Sie erblickte darin eine Frucht der Aufklärung im Gefolge der Französischen Revolution. Die Aufklärung war im 19. Jahrhundert für die Kirche ein rotes Tuch, sie wurde von ihr scharf verurteilt. Erst mit Papst Johannes XXIII. und dem II. Vatikanischen Konzil hat ein Wandel eingesetzt. Jetzt setzten sich die Päpste an die Spitze der Bewegung für die Anerkennung der universalen Menschenrechte. Ein Mann in der Kirche hat sich dagegen schon viel früher, nämlich zur Zeit von Columbus, und unter Einsatz seines Lebens für die Anerkennung der Rechte und Würde der Menschen eingesetzt: der Dominikanermönch und spätere Bischof Bartolomé de Las Casas, der von 1484 bis 1560 in Spanien und Lateinamerika gewirkt hat. Er gilt als der erste Menschenrechtsaktivist und »Vater der Befreiungstheologie«.

Als der Priester Las Casas 1514 in Kuba eine Pfingstpredigt vorbereitete, stieß er auf eine Stelle im Buch Jesus Sirach, Kapitel 34, und vollzog eine fundamentale Umkehr. Sie lautete: »Kärgliches Brot ist der Lebensunterhalt der Armen, wer es ihnen vorenthält, ist ein Blutsauger. Den Nächsten mordet, wer ihm den Unterhalt nimmt, Blut vergießt, wer dem Arbeiter den Lohn vorenthält.« Dabei bedachte er die Not und das Elend der einheimischen Bevölkerung und schrieb: »Je mehr ich aber darüber nachdachte, desto mehr wurde ich davon überzeugt, dass alles, was wir den Indianern bisher widerfahren ließen, nichts ist als Tyrannei und Ungerechtigkeit ...« Zwei Jahre vorher hatte ihn in Haiti bei der Beichte ein Dominikanerpater gefragt: »Was tun sie mit ihren Indianern?« Er warf ihn aus dem Beichtstuhl. Die Dominikaner waren die Ersten, die Sturm liefen gegen das unchristliche Verhalten der Eroberer und ihnen in ihren Predigten tüchtig die Leviten lasen.

Las Casas war in der allgemeinen Begeisterung, die Columbus durch die Entdeckung Lateinamerikas in Spanien ausgelöst hatte, nach Hispaniola aufgebrochen, um das Land für die Krone zu erobern. Zum Dank für seinen Kriegseinsatz erhielt er ein sehr großes Landgut und Indios, die für ihn arbeiten mussten. Er behandelte seine Indios zwar als Menschen, aber sie waren auch für ihn sein »Eigentum«. Er war in erster Linie Großgrundbesitzer und nur nebenbei Priester.

Unendliches Leid hatten die spanischen Eroberer über die einheimische Bevölkerung, die Indianer, gebracht, sie wurden nicht wie Menschen behandelt, sondern wie Tiere. Ja, man sprach ihnen grundsätzlich das Menschsein ab. Sie wurden regelrecht abgeschlachtet und ausgerottet. Bei der Ankunft der Spanier lebten ca. 100 Millionen in Nord-, Mittel- und Südamerika. 90 Prozent davon starben durch den Kontakt mit den Europäern. »An einem Tag ... zerstückelten, köpften oder vergewaltigten die Spanier 3.000 Indianer.« Vor der Hinrichtung eines einheimischen Bewohners und Kriegers versuchte ein Franziskanerbruder, diesen zum Christentum zu bekehren, damit er nach seinem Tod in den Himmel kommen könnte. Der Indio dachte ein wenig nach und fragte, ob in den Himmel auch Christen kämen. Der Pater sagte: »Allerdings, alle guten Christen kommen da hinein.« Darauf entgegnete der Eingeborene, lieber wolle er in der Hölle ewig brennen als im Himmel mit diesen grausamsten aller Menschen zusammenleben.

Dies alles kam Las Casas in den Sinn, als er über den Text aus dem Ersten Testament nachsann. Er ging zum Gouverneur von Haiti und teilte ihm mit, dass er alle seine Indianer in die Freiheit entlassen werde. Das Gold, das sie ihm verdient hatten, wolle er dazu verwenden, um sich am königlichen Hof in Spanien für sie einzusetzen. Las Casas ging nach Spanien, um am königlichen Hof für das Recht der Indianer zu kämpfen. Dabei ging es ihm aber nicht nur um die Würde der Indianer, sondern auch um die Bekehrung der Christen, deren wahrer Gott das Gold sei. 50 Jahre lang dauerte sein Kampf gegen den unmenschlichen und unchristlichen Kolonialismus. Insgesamt unternahm er 14 Reisen zum spanischen Hof. Er erwirkte eine Audienz bei dem jungen Thronfolger, dem späteren Karl V. Daraufhin wurde Las Casas beauftragt, zur »friedlichen« Besiedlung der Neuen Welt einen Modellversuch an der Küste des heutigen Venezuela zu unternehmen. Er scheiterte jedoch, weil die Mitreisenden, kaum angekommen, sogleich mit der Jagd auf Sklaven begannen. Er kehrte nach Haiti zurück, wo ihn eine neue Enttäuschung erwartete: Er hatte am spanischen Hof den fragwürdigen Vorschlag gemacht, die Indianersklaven etwa in den Goldgruben durch Schwarze zu ersetzen, mit der Begründung, diese seien »nicht so zart«. Diesem Rat folgte man, jetzt war Haiti vollgepfercht mit Sklaven aus Afrika. Der letzte Indianer war inzwischen an spanischen Pocken gestorben.

Las Casas hatte die universalen Menschenrechte auf die Indios eingeschränkt und andere davon ausgenommen. Diese Reduzierung können wir heute nicht mehr nachvollziehen, ein jeder Mensch hat auf die Achtung seiner Würde Anspruch. Er verfasste seine berühmteste Schrift mit dem Titel »Kurzgefasster

Bericht von der Verschwörung der Westindischen Länder«. In ihr berichtete er vom unglaublichen Völkermord der Eroberer an Millionen von Indianern. Er zählte genau die Gräueltaten und Foltermethoden seiner Landsleute auf. Er beschuldigte sie, sie seien keine Christen, sondern huldigten statt Gott dem Götzen Mammon. Auch seien sie nicht an der Bekehrung der Eingeborenen zum Christentum interessiert. »Unsere Arbeit war es, Verzweiflung und Verwüstung zu bringen, zu töten, zu verstümmeln und zu zerstören.« Bei einer Audienz bei Karl V. erwirkte er »Neue Gesetze für Indien«; in ihnen war die schrittweise Abschaffung der Sklaverei vorgesehen. Diese Gesetze lösten einen Sturm der Entrüstung in der Neuen Welt aus, so dass der König sie widerrufen musste. Mittlerweile hatte auch Papst Paul III. in einer Bulle 1537 erklärt, die Indianer seien wahre Menschen, und damit wurden auch ihre Menschenrechte anerkannt. Sie sollten ihre Freiheit und ihren Besitz genießen dürfen. Auch sollten sie durch Predigt und gutes Beispiel zum christlichen Glauben eingeladen werden.

Inzwischen wurde Las Casas zum Bischof von Chiapas ernannt, der ärmsten Diözese Mexikos. Dadurch hatte er eine größere Autorität gegenüber den spanischen Siedlern gewonnen. Dennoch wurde seine Arbeit erheblich behindert, man klagte ihn an, er sei der Urheber der »Neuen Gesetze für Indien«, man verleumdete ihn beim Kaiser und sprach Todesdrohungen gegen ihn aus. Enttäuscht bat Las Casas den Kaiser, ihn von seinem Amt zu entbinden. Er ging nach Spanien zurück und verbrachte die letzten Lebensjahre in einem Kloster der Dominikaner in Sevilla. Hier konnte er seine »Geschichte der Indianer«, sein wissenschaftliches Hauptwerk, beenden. In ihr rechnete er schonungslos mit der Kolonialherrschaft der Spanier ab. Diese Enthüllungen haben dazu geführt, dass dieses Werk drei

Jahrhunderte von der spanischen Zensur verboten wurde. Noch Franco untersagte die Veröffentlichung des Werkes.

Ist der Dominikanerbischof nun am Ende gescheitert oder haben seine Interventionen zugunsten der Indios nicht doch Früchte getragen? Zunächst hat er eine Mäßigung der Kolonialpolitik erreicht; die Indios wurden nicht mehr wie Sklaven oder gar wie Tiere behandelt, mussten aber noch Tributzahlungen an die Spanier entrichten. Durch die »Neuen Gesetze für Indien« wurde der Völkermord an den Indianern beendet. Erstaunlich, was dieser Mann bewegt hat, wo sich doch allerorten Widerstände gegen ihn und sein Werk regten. Dabei dürfen wir den Beitrag der Dominikaner zur Durchsetzung der universalen Menschenrechte nicht übersehen, sie waren die Vorreiter für die Befreiung der Indianer. Ohne ihre Vorarbeit und Unterstützung hätte Las Casas sein Lebenswerk nicht vollbringen können. Bislang hat sich die Kirche nicht durchringen können, ihn zum Seligen bzw. Heiligen zu erklären. Beten wir, dass die Verantwortlichen sich zu diesem mutigen Schritt entschließen können. Das wäre auch ein glaubwürdiger Beitrag der Kirche zur Anerkennung der Menschenrechte auf der ganzen Welt.

Vertiefende Literatur:

Th. Eggensperger / U. Engel, Bartolomé de Las Casas, Mainz 1992

Madeleine Delbrêl (1904–1964)

Mystikerin und Sozialarbeiterin

Von dem mexikanischen Schriftsteller Octavio Paz stammt eine programmatische Aussage: »Im Altertum war die Kontemplation das Modell des höheren Lebens. Auch noch im Mittelalter. Das änderte sich mit der Renaissance. Der Held, der Seefahrer, der Geschäftsmann und der Wissenschaftler wurden zum Ideal. Es waren Männer der Tat. ... Die bloße Kontemplation ist angesichts der Desaster unserer Zeit unmöglich geworden. Schauen und Tun müssen sich verbinden.« In diesem Sinne hat Frère Roger Schutz, der Gründer der ökumenischen Bruderschaft in Taizé, die Parole ausgegeben: »Kampf und Kontemplation«. Andere sprechen von Mystik und Politik oder von einer Mystik der geöffneten Augen, die bei aller Ausrichtung auf Gott die Not und das Elend so vieler Menschen nicht aus dem Auge verliert. Diese geforderte Einheit von Mystik und Politik hat uns die französische Mystikerin und Sozialarbeiterin Madeleine Delbrêl auf eindrucksvolle Weise vorgelebt. Sie ist im deutschen Sprachraum durch ihr Buch »Der kleine Mönch« weit bekannt geworden.

Ihr Werdegang verlief keineswegs geradlinig. Vielmehr bedurfte es erst einer fundamentalen Bekehrung, um ihrem Leben eine entscheidende Wende zu geben. Groß geworden ist sie in einer großbürgerlichen Familie in Paris, in welcher der Glaube keine Rolle spielte. Einige fromme Priester förderten sie anfangs auf ihrem Glaubensweg. Doch in Paris geriet sie in agnostische und atheistische Kreise. Mit 18 Jahren schrieb sie: »Gott ist tot ... es lebe der Tod ... Gott im 20. Jahrhundert war absurd.«

Gleichwohl wird sie nachdenklich, so schreibt sie auch: »Wenn es keinen Gott gibt, versinkt das Sein und Leben in Relativität und Sinnlosigkeit«. Sie lernte im Studium an der Sorbonne einen jungen Mann kennen, der ein überzeugter Christ war. Beide freundeten sich an, ja man sprach sogar von Verlobung. Doch dann trat er in den Dominikanerorden ein. Das war für sie ein schwerer Schock. Durch ihren Freund wurde sie in ihrer bisherigen Einstellung zu Religion und Glaube verunsichert. An der Universität begegnete sie überzeugten Christen, für die Gottes Existenz keineswegs absurd war. Sie überprüfte ihren atheistischen Standpunkt.

Ihr wurde geraten, täglich fünf Minuten still an Gott zu denken. Sie befolgte diesen Rat. »Ich entschloss mich, zu beten … dann habe ich betend und nachdenkend Gott gefunden.« Sie gestand: »Ich bin von Gott überwältigt worden und bin es immer noch.« Ihre Konversion im Alter von 20 Jahren war so tiefgreifend, dass sie bis zu ihrem Tod anhielt. Sie empfand ihre Bekehrung als eine »Erleuchtung«. Sie war für sie ein Übergang vom Tod zum Leben, zu Gott, dem Leben alles Lebens. An ihrer Konversion kann man ablesen, wie entscheidend das Vorbild überzeugter Christen ist. Glaube wird gezeugt durch Glaubenszeugen. Auch wir können andere mit dem Glauben bekannt machen, wenn unser Lebensstil sich von dem der Mehrheit sichtbar unterscheidet. Wir müssen dabei auch den Mut haben, von unserem Glauben anderen zu erzählen. Wir müssen »Rechenschaft von der Hoffnung ablegen, die uns zutiefst erfüllt« (1 Petr 3,15).

Der wiederentdeckte Glaube der Französin war ein zutiefst kirchlicher Glaube, die Kirche wurde für sie zur geistlichen Heimat, zur Quelle tiefster Freude und Glückseligkeit. »Das Wort Kirche möchte ich in jeder Zeile so oft wie das Wort Gottes schreiben.« Und an anderer Stelle heißt es bei ihr: »Einzig in der Kirche und durch sie ist das Evangelium Geist und Leben. Außerhalb ihrer ist es nur noch geistreich, aber nicht mehr Heiliger Geist.« Erstaunliche Worte angesichts der weit verbreiteten Kirchenkritik, auch innerhalb der eigenen Reihen. Hier begegnete sie dem Gott Jesu Christi im Zeugnis der Evangelien, das bedeutete ihr alles. Denn dieses war nicht ein Buch wie jedes andere, sondern enthielt das Wort Gottes, wenn auch in menschlicher Gestalt. Aus ihr trat ihr Gott sehr anschaulich entgegen.

Zur damaligen Zeit war eine solche Entdeckung alles andere als selbstverständlich. Die neue Hochschätzung der Bibel in der Kirche hatte noch nicht weite Kreise erfasst, dies geschah erst mit dem II. Vatikanischen Konzil. Dieses Evangelium will aber im Alltag gelebt werden. Sie sagt: »Christi Worte, seine Gebärden, seine Ratschläge zum heutigen Zeitpunkt in der Kirche leben. Und dies ganz schlicht, ein wenig buchstäblich, wie Leute, die das Evangelium zum ersten Mal hören.« So trug sie ständig ein Exemplar des Neuen Testamentes mit sich herum, wie die Muslime ein Exemplar des Koran. Immer wollte sie »ein kleines Bad im Evangelium nehmen«. Allerdings beschränkte sich ihre Bibellektüre auf das Neue Testament. Das Erste Testament, auf dessen Grundlage das Neue entstanden ist, war für ihren Glauben keine nährende Quelle. Darin liegt sicher eine Begrenzung ihres biblisch inspirierten Glaubens.

Längere Zeit überlegt sie, ob sie nicht in den Karmel eintreten sollte, aber dann entscheidet sie sich bewusst für ein soziales Engagement. Zunächst pflegt sie ihren erblindeten Vater und dann studiert sie Sozialarbeit. Sie geht mit zwei Gefährtinnen nach Ivry, einer Arbeitervorstadt von Paris. Hier in einer Hochburg des militanten Marxismus will sie völlig absichtslos Gottes Präsenz bezeugen. Programmatisch erklärt sie: »Wir anderen, wir

Leute von der Straße glauben aus aller Kraft, dass diese Straße, dass diese Welt, auf die uns Gott gesetzt hat, für uns der Ort unserer Heiligkeit ist.« Ein kleines Reihenhaus mieten sie, eine Art der offenen Tür für die Armen und Notleidenden. Es entsteht eine kleine geistliche Gemeinschaft mit Namen »Charité de Jésus«, deren Aufgabe Anbetung und Sozialarbeit ist.

Die Begegnung mit dem atheistischen Marxismus war für Madeleine Delbrêl eine neue Herausforderung. Sie entschied sich, nicht in die kommunistische Partei einzutreten, obwohl man ihr das nahegelegt hatte. Sie war auch mit einem kommunistischen Vizebürgermeister eng befreundet. Sie erinnerte sich aber ihrer Konversion und dachte an den Anspruch des Evangeliums. »Auf einen Schlag war alles entschieden. Ich erinnere daran, dass ich Neukonvertierte war. Ich war von Gott überwältigt worden und bin es noch. Es war mir unmöglich, in die eine Schale der Waage Gott, in die andere alle Güter dieser Welt zu legen, mögen es die meinen oder die ganze Menschheit sein.« Das war ihre zweite Bekehrung. Wir wissen aus dem Leben der französischen Arbeiterpriester, dass einige den Versuchungen der marxistischen Ideologie erlegen sind und ihren Glauben aufgegeben haben. Madeleine hatte erkannt, dass die Liebe des Marxismus eindeutige Grenzen hat, während die christliche Nächsten- und Feindesliebe universal ist.

Das ständige Zusammenleben und Zusammenarbeiten mit Marxisten hilft ihr und ihren Mitschwestern, das Evangelium neu zu entdecken und konsequenter zu verwirklichen. Vieles, was später auf dem II. Vatikanischen Konzil beschlossen wird, hat Madeleine mit ihren Schwestern vorweggenommen. Ihr Lebensstil fand bei den ungläubigen Marxisten Anerkennung. Als die Kommunisten vor den Nazis fliehen mussten, übertrugen sie ihr treuhänderisch das Sozialdezernat von Ivry. Und bei ihrer

Beerdigung – sie verstarb sehr früh, mit 60 Jahren – sagte der kommunistische Bürgermeister des Vorortes: »Ich glaube auch jetzt nicht an Gott, aber wenn es ihn gibt, trägt er die Züge von Madeleine.« Für sie war der Kommunismus eine Fremdprophetie, durch ihn wolle Gott uns auf unsere Verantwortung für die notleidenden Menschen aufmerksam machen. Daher hatte sie keine Berührungsängste. Ihr wurde im Umgang mit den Kommunisten klar, welche Bedeutung der Laienchrist für die Kirche hat. Seine Wertschätzung hat später das letzte Konzil in das allgemeine Kirchenbewusstsein gehoben.

Auf einer Postkarte, die sie wenige Monate vor ihrem frühen Tod adressiert hatte, stehen die Worte, die auch an uns gerichtet sein könnten: »Mach's genauso. Madeleine«.

Vertiefende Literatur:

K. Böhme, Madeleine Delbrêl. Die andere Heilige, Freiburg 2005

Alfred Delp (1907–1945)

Märtyrer

Widerstand gegen das verbrecherische Unrechtssystem des sog. Dritten Reiches leisteten innerhalb der katholischen Kirche nur wenige Bischöfe, allen voran Clemens August Graf von Galen, wohl aber viele Priester und gläubige Laien. Sie haben dafür zum größten Teil mit ihrem Leben bezahlen müssen. Zu ihnen zählt auch der Jesuitenpater Alfred Delp, der am 2. Februar 1945 in Berlin-Plötzensee an einem Fleischerhaken erhängt wurde. Seine Asche wurde über die Felder zerstreut, die Veröffentlichung einer Todesanzeige wurde verboten. Man wollte einer Märtyrerverehrung vorbeugen.

Er wuchs in einer konfessionell gemischten Familie auf, der Vater war Protestant, die Mutter katholisch. Delp wurde katholisch getauft, wie es die Eheleute bei der kirchlichen Trauung versprochen hatten. Erzogen wurde er aber auf Geheiß des Vaters in der evangelischen Konfession. So besuchte er eine evangelische Volksschule. Zugleich freundete er sich eng mit einem katholischen Pfarrer an. Er wurde zunächst konfirmiert, nach einer Auseinandersetzung mit einem evangelischen Pastor bat er dann um die erste heilige Kommunion und wurde gefirmt. Und dies alles in einem Jahr! Hier zeigt sich schon das aufbrausende, stürmische Naturell Delps, der seinen eigenen Weg ging. »Er war ein eigensinniger Dickschädel« (Chr. Feldmann). Nach seinem Abitur trat er in die Gesellschaft Jesu ein. Delp hat am eigenen Leib die unselige Trennung der beiden großen Kirchen schmerzhaft erlebt, darunter hat er sehr gelitten. Noch mit »gefesselten Händen« schrieb er im Gefängnis eine Botschaft an das Deutschland nach dem Krieg. Darin ist der Satz enthalten: »Wenn die Kirchen der Menschheit noch einmal das Bild einer zankenden Christenheit zumuten, sind sie abgeschrieben. Wir sollten uns damit abfinden, die Spaltung als geschichtliches Schicksal zu tragen und zugleich als Kreuz.«

Es scheint wie eine Fügung, dass er später bei seiner Mitwirkung im sog. Kreisauer Kreis eng mit evangelischen Christen zusammenarbeiten wird. Daraus erwuchs, vor allem im Gefängnis, eine tiefe geistige und menschliche Freundschaft. Hier verständigten sie sich über Tagestexte aus der Bibel und über gemeinsame geistliche Übungen. Aus dem Gefängnis schrieb er an einen Mitbruder: »Auf Weihnachten haben wir vier wieder eine gemeinsame Novene angefangen. Diese betende Ökumene in Fesseln.« Und für den evangelischen Graf Moltke wurde jeden Tag in St. Gereon in Köln eine heilige Messe gefeiert. Sie nahmen etwas vorweg von der Ökumene, die auf dem II. Vatikanischen Konzil katholischerseits aus der Taufe gehoben wurde. Nicht zuletzt die gemeinsamen Erfahrungen der Christen beider Konfessionen im Widerstand gegen das Naziregime haben dem späteren Zusammenwachsen der beiden Kirchen die Wege geebnet. So konnte die im Dunkel gesäte Saat fruchtbar aufgehen, wollten sie doch, wie Moltke kurz vor seiner Hinrichtung sagte, »wenn man uns schon umbringt, doch auf alle Fälle reichlich Samen streuen«. Was wir heute als selbstverständlichen Zustand erachten, war damals noch weitgehend undenkbar.

Delp hatte schon früh die verbrecherische Ideologie der Nationalsozialisten durchschaut und in Predigten den Blut- und Bodenkult der Nazis angeprangert. Er setzte sich für verfolgte Juden ein, versteckte sie und ermöglichte einigen von ihnen die Flucht. Als an ihn die Anfrage erging, ob er im Kreisauer Kreis mitwirken wollte, sagte er spontan zu. Der Name bezieht sich auf das schlesische Landgut von Helmuth James Graf von Moltke, wo dieser evangelische, katholische und sozialdemokratische Fachleute um sich scharte. Mit ihnen wollte er Grundsätze für ein erneuertes Deutschland nach dem zu erwartenden verlorenen Krieg in einem erneuerten Europa erarbeiten. Es ging um die »Stunde danach«. Ein Anliegen war auch das Zusammengehen von Protestanten und Katholiken, »um das Christentum zu retten«. Delp war für die wirtschaftlichen und sozialen Aspekte verantwortlich. Er erwies sich bald nach Aussage eines Teilnehmers als »die geistig bedeutendste Person des Kreises«.

Seine Handschrift erkennt man an vielen Stellen. Hier entwickelte er die Idee eines »personalen Sozialismus« als Alternative zu Kapitalismus und Marxismus. Leider ist das Manuskript zu diesem Dritten Weg verloren gegangen; vermutlich haben seine Mitbrüder es vernichtet, um es dem Zugriff der Gestapo zu entziehen. Darin äußert Delp Gedanken, die später im Konzept der Sozialen Marktwirtschaft aufgegriffen werden. Er verlangt beispielsweise ein »garantiertes Existenzminimum« für den Arbeiter und dessen Beteiligung an Führung und Ertrag des Unternehmens. Für damalige Verhältnisse waren das revolutionäre Gedanken, die erst später in das allgemeine Bewusstsein Eingang finden sollten.

Im Hinblick auf die Kirche nach dem Kriege stellte er fest: »Es wird kein Mensch an die Botschaft vom Heil und vom Heiland glauben, solange wir uns nicht blutig geschunden haben im Dienste des physisch, psychisch, sozial, wirtschaftlich, sittlich oder sonstwie kranken Menschen ... Damit meine ich das Sich-Gesellen zum Menschen in allen seinen Situationen mit der Absicht, sie ihm meistern zu helfen, ohne anschließend irgendwo eine Spalte und Sparte auszufüllen. Damit meine ich das Nachgehen und Nachwandern auch in den äußersten Ver-

Alfred Delp (1907–1945)

lorenheiten und Verstiegenheiten des Menschen, um bei ihm zu sein, genau und gerade dann, wenn ihn Verlorenheit und Verstiegenheit umgeben. ›Geht hinaus‹, hat der Meister gesagt, und nicht ›Setzt euch hin und wartet, ob einer kommt.‹« Die Kirche müsse demütig das Dienen lernen, forderte er, ein Gedanke, der uns bei Papst Franziskus wieder begegnet, wenn er sagt: »Vergessen wir nie, dass die wahre Macht der Dienst ist.« Delps Credo lautet in einer Kurzfassung aus dem Gefängnis: »Brot ist wichtig, die Freiheit ist wichtiger, am wichtigsten aber die ungebrochene Treue und die unverratene Anbetung.«

Die Mitwirkung beim Kreisauer Kreis wurde für Alfred Delp zum Verhängnis. Im Zusammenhang mit dem gescheiterten Attentat auf Hitler am 20. Juli 1944 wurden die Mitglieder verhaftet, sofern sie sich nicht der Verhaftung entziehen konnten. Delp wurde nach der Frühmesse in München-Bogenhausen verhaftet. Nun begann eine schwere Leidenszeit in Fesseln für ihn, er wurde auf grausamste Weise gefoltert, in Isolationshaft gesteckt und zum Hungern verurteilt. Ein fairer Prozess war nicht zu erwarten. Vor dem Volksgerichtshof schrie ihn der berüchtigte Vorsitzende Roland Freisler an: »Eine Ratte – austreten, zertreten sollte man so was! … Jetzt sagen Sie uns mal, was Sie als Priester dazu gebracht hat, die Kanzel zu verlassen und sich … in deutsche Politik einzumischen.« Delp antwortete darauf ruhig und ohne Zögern: »Ich kann predigen, so viel ich will, und Menschen geschickt oder ungeschickt behandeln und wieder aufrichten. Solange der Mensch menschenunwürdig und unmenschlich leben muss, so lang wird der Durchschnitt den Verhältnissen erliegen und weder beten noch denken. Es braucht die gründliche Änderung der Zustände.« Mutige Worte vor »Fürstenthronen«. Damit hatte er sich das Todesurteil selbst gesprochen.

In dieser Zeit der Prüfung vollzog sich ein großer Wandel mit ihm. Er, der einst so temperamentvoll und hitzig war, gewann an spiritueller Tiefe und Abgeklärtheit. Das spürt man aus den Texten, die er in Form von Kassibern aus dem Gefängnis herausgeschmuggelt hat. In einem heißt es: »Ob dies ein Abschiedsbrief ist oder nicht, ich weiß es nicht ... Hab keine Sorge, ich bemühe mich, kein Kleinholz zu machen, auch wenn es an den Galgen gehen sollte. Gottes Kraft geht ja alle Wege mit. So bin ich jetzt gestellt, in eine enge Zelle gesperrt und gebunden, es gibt nur zwei Auswege, den über den Galgen in das Licht Gottes und den über das Wunder in eine neue Sendung.« Immer noch hoffte er auf eine Begnadigung, schickte sich aber zugleich in Gottes Fügung. Das kommt in den Worten zum Ausdruck: »So ins Dunkel hat mich der Herrgott noch nie gestellt. Aber ich will stehen bleiben. Wenn der Herrgott diesen Weg will ... dann muss ich ihn freiwillig und ohne Erbitterung gehen. Es sollen einmal andere besser und glücklicher leben dürfen, weil wir gestorben sind.«

Zu seinen letzten Worten auf einem Kassiber gehört: »Beten und glauben. Danke!« Auf dem Weg zur Hinrichtung sagte er zum Gefängnispfarrer: »Ach, Herr Pfarrer, in einer halben Stunde weiß ich mehr als Sie.« Aus diesen Worten spricht eine Gelassenheit und Abgeklärtheit angesichts des Todes, aber auch ein großes unerschütterliches Gottvertrauen. Hätten auch wir in einer ähnlichen Situation diese Haltung bewahren können, wäre unser Gottesglaube standhaft geblieben? Alfred Delp ist uns darin ein Zeuge geworden. Dafür dürfen wir ihm dankbar sein.

Vertiefende Literatur:

A. Delp, Gesammelte Werke, hrsg. von R. Bleistein, Bd. I. und IV. Frankfurt 1988 ff.

Dominikus (1170–1221)

Ordensstifter

Im 12. Jahrhundert befindet sich Europa in einem wirtschaftlichen Wandel, der für die niederen Schichten große Armut heraufbeschwor. Als Reaktion auf die Verarmung der einfachen Bevölkerung entstand eine Armutsbewegung, die ganz aus den Impulsen des Evangeliums gespeist war. Ihre herausragenden Repräsentanten sind der heilige Franz von Assisi und der Lyoner Kaufmann Petrus Waldes (1140–1206), auf den die Gemeinschaft der Waldenser zurückgeht. Sie umfasst heute rund 100.000 Mitglieder. Waldes geriet in Konflikt mit der Kirche und wurde exkommuniziert, weil er nicht auf die Predigttätigkeit verzichten wollte. Unlängst hat Papst Franziskus bei seinem Besuch in Turin dafür um Vergebung gebeten.

Neben diese beiden Anführer der Armutsbewegung treten die Katharer (»die Reinen«). Sie wollen zu den Anfängen des Christentums zurück. Ganz unorthodoxe Lehren vertreten sie: Danach kämpft ein guter Gott des Lichtes gegen einen bösen Gott. Sie versuchen, konsequent die Nächstenliebe zu praktizieren, um dem Gott des Lichtes näherzukommen. In Albi gründen sie eine Gegenkirche zur Reichskirche der Kleriker, Priester und Bischöfe. Die Kirche Roms beschimpfen sie als »Hure Satans« oder »Hure Babylons«. Dort werden die Menschen, die evangeliumsgemäß leben wollen, auch Albigenser genannt. Durch ihren überzeugenden Lebensstil – sie hatten nur einen gemeinsamen Lebensbesitz – finden sie beim einfachen Volk willige Anhänger, die sich über das ganze Land ausbreiten, und stellen eine ernste Bedrohung für die offizielle Kirche dar. Die

Katharer begnügen sich bald nicht mehr mit einer reinen Evangeliumsverkündigung, sondern gehen auch zu Gewalttaten über. So wird der päpstliche Legat ermordet. Das ist der Auslöser für den sog. Ketzer- oder Albigenserkrieg, der auf grausame Weise geführt wird. Mit dem Schlachtruf »Gott wird die Seinen schon erkennen« vernichten die französischen Soldaten erbarmungslos einen jeden, der ihnen entgegentritt. 20 Jahre lang währt dieses Morden. Zur Bekämpfung der Häretiker errichtet die römische Kirche die Inquisitionsbehörde, welche die Irrlehrer und ihre Anhänger aufspüren und verurteilen soll. Auch beauftragt man Zisterzienseräbte mit der Predigt im Lande. Diese ziehen mit einem großen Tross durch das Land und verkünden das Evangelium. Zu ihrem Tross gehören Pferde, Maultiere und Knechte. Sie sind auf pomphafte Weise bekleidet und ernten so nur Hohn und Spott bei der Bevölkerung. Das ganze Unternehmen endet mit einem großen Fiasko.

Auf der Landstraße kurz vor Montpellier begegnet ein solcher Tross zwei einsamen Wanderpredigern, die nicht zu den Katharern gehören, sondern Abgesandte der offiziellen Kirche sind, in ihrem Lebensstil sich aber nicht von den Häretikern unterscheiden. An der Spitze des Trosses befindet sich der Abt Arnold Amalrich von Cîteaux, einer der reichsten Kirchenfürsten Europas. Er trägt ein goldenes Prunkgewand, mit vielen Juwelen geschmückt. Er berichtet von ihrem Misserfolg der Evangelisierung. Die beiden spanischen Prediger sind der Bischof Diego von Osma und der Kanoniker Dominikus von Osma, Sohn reicher spanischer Kaufleute. Die beiden raten ihm auf Grund eigener Erfahrungen: »Soldknechte und Knechte entlassen, Pferde und Maultiere heimschicken, Gold und Juwelen verschenken, Schuhe ausziehen.« Radikaler hätte ihr Rat nicht ausfallen können. Er entspringt aber ihrer Erfahrung bei der

Predigt im Lande. Sie verfügen über keinerlei Besitz, leben von dem, was sie bei der Bevölkerung erbetteln. Sie wollen sich dadurch dem Leben der Armen anpassen. Und wie ein Wunder, der Abt folgt ihrem Beispiel, zieht sein prunkvolles Gewand ab und zieht mit ihnen barfuß durch die Lande. Durch dieses Beispiel ermuntert, schließen sich ihnen einige Zisterziensermönche an. Das heilige Predigtwerk nimmt in Südfrankreich erste Gestalt an. Sie predigen aber nicht nur, sondern suchen auch das Streitgespräch mit den Katharern, das öffentlich ausgetragen wird. Nach dem Tod von Bischof Diego muss Dominikus die volle Verantwortung für das »Predigtwerk Jesu Christi« tragen. In einer nahe gelegenen Stadt hatte Bischof Diego ein Kloster gegründet für jene Frauen, die sich von den Katharern abgewandt hatten. Dieses Kloster wurde zur Keimzelle des künftigen Predigerordens.

Mehrmals wird Dominikus das Bischofsamt angetragen, aber er lehnt ab; denn er will frei bleiben für die Wortverkündigung und nicht durch andere Aufgaben abgelenkt werden. Langsam reift in ihm der Entschluss, einen Orden für die Predigttätigkeit zu gründen. Dazu hat ihn u.a. ein Traum bewogen: Ihm war, als sehe er die heiligen Apostel Petrus und Paulus. Petrus, der in der rechten Hand die Schlüssel des Himmelreiches hielt, reichte Dominikus mit der linken einen Wanderstab. Paulus aber, der in der einen Hand das Schwert, mit dem er enthauptet worden war, hielt, reichte ihm mit der anderen ein Evangelienbuch. Dazu sagte er: »Nimm das Evangelium und den Wanderstab. Nimm beides und ziehe von nun an durch die Lande, um die Frohe Botschaft zu predigen. Denn dazu hat Gott, der Herr, dich erwählt.«

Der neue Orden soll sich von den bisherigen dadurch unterscheiden, dass die Mitglieder nicht mehr hinter Klostermauern sitzen und warten, bis Menschen zu ihnen kommen, sondern sie sollen predigend umherziehen, nicht reiten, kein Geld annehmen, sich mit Unterkunft und Verpflegung begnügen. Die Brüder dürfen nur die Kirche und das Kloster mit einem Garten als Eigentum betrachten. Unterwegs sollen die Bettelmönche, wie der Name schon sagt, vom Betteln leben. Von Anfang an legt er großen Wert auf eine gute theologische Ausbildung, um im Gespräch mit den Katharern bestehen zu können. Ein Leben lang sollen die Brüder sich dem Theologiestudium widmen. Das Studium setzt er an die Stelle der Handarbeit, wie sie in anderen Orden üblich ist. Viele große Gelehrte sind aus dem Orden hervorgegangen, so zum Beispiel Albertus Magnus, Thomas von Aquin und Meister Eckhart. Und in der Gegenwart haben drei herausragende französische Dominikanertheologen eine »neue Theologie« entwickelt, die anfangs in Rom auf großen Widerstand stieß und zu Lehr- und Publikationsverboten führte. Auf dem II. Vatikanischen Konzil erfuhren sie eine späte Rehabilitierung. Sie haben entscheidende Impulse für Überlegungen zur Präsenz der Kirche in der Welt gegeben, von denen wir heute noch zehren.

Die Dominikaner wollen keinen Abt mehr über sich haben; alle Ämter wechseln demokratisch in freier Abstimmung – bis heute. An der Spitze des jeweiligen Konvents steht der Prior. Der Papst wollte keinen neuen Orden genehmigen, sondern verlangte, dass sich die Dominikaner an eine bereits genehmigte Ordensregel anlehnten. Diese erblickten sie in der Regel, die auf den heiligen Augustinus zurückgeht. Diese neue Regel wird vom Papst bestätigt, er gibt ihnen den Namen »Predigerorden« und beauftragt sie mit der Verkündigung. Das Volk ist begeistert: endlich Mönche, die streng nach dem Evangelium leben, so radikal wie die Apostel. Der Orden breitet sich schnell aus bis nach England, Skandinavien, Ungarn und Deutschland. Heute zählen zu ihm 6.000 Mitglieder. Es gibt auch einen weiblichen Zweig, die Dominikanerinnen. Heute sprechen wir nicht mehr vom Predigerorden, wie die offizielle Bezeichnung lautet, sondern von Dominikanern. Damit wollen die Mitglieder das Gedenken an ihren Stifter ehren. Dominikus starb symbolträchtig arm, wie er gelebt hatte, in Bologna im Bett eines Mitbruders, weil er kein eigenes Bett hatte. 13 Jahre nach seinem Tod wurde er bereits heiliggesprochen.

Mit diesem Orden hat Dominikus das entscheidende Gegengewicht gegen die Katharer bzw. Albigenser geschaffen und mit dazu beigetragen, dass die Ketzer sich nicht weiter in Südfrankreich und in der übrigen Kirche ausbreiten konnten. Ein bitterer Tropfen in dem süßen Wein bildet aber die spätere Mitwirkung der Dominikaner bei der Inquisition, die auf Anordnung des Papstes in ihre Hände gelegt wurde. Sie hat viel Unheil in der Kirche verbreitet; viele Unschuldige, vor allem Frauen, fielen ihr zum Opfer. Hier wurde der Orden zum Büttel kirchlicher Macht, die ihn für ihre eigenen Zwecke missbrauchte. Dies alles kann aber die historische Leistung des Ordensgründers nicht schmälern, der sich große Verdienste um die Verkündigung der Frohen Botschaft und damit um die Erneuerung der Kirche erworben hat. Er persönlich kann nicht mit der Inquisition in Verbindung gebracht werden. Daher ist das Urteil des Franzosen Georges Bernanos nicht unbegründet, der »von einem der größten Männer der Geschichte« gesprochen hat.

Vertiefende Literatur:

P. D. Hellmeier, Dominikus begegnen, Augsburg 2007

Nikolaus von Flüe (1417–1487)

Einsiedler und Friedensstifter

Immer wieder kann man hören, dass Menschen, die in ein Kloster eintreten oder als Eremit in einer Klause leben, der Welt ab-
handengekommen seien. Sie hätten das Interesse an der Welt
verloren und widmeten sich nur noch der Betrachtung und dem
Gebet. Dieses Vorurteil widerlegt die Biographie so mancher
Mystiker des Mittelalters und der Gegenwart. Sie fühlen sich
durchaus der Welt verantwortlich und haben auch in das Weltgeschehen eingegriffen. Ein Beispiel dafür ist der Schweizer
Landwirt und Mystiker Nikolaus von Flüe, der im Spätmittel-
alter gelebt hat und heute als Nationalpatron der Schweizer verehrt wird. Zu dieser Ehrung wäre er sicher nicht gelangt, wenn
er nicht als Eremit eine nationale Bedeutung erlangt hätte. Er
ist ein eigenartiger Heiliger, der so gar nicht in das uns geläufige
Schema eines Heiligen passt, und wird bis heute unterschiedlich bewertet.

Nikolaus von Flüe wurde 1417 in eine Schweizer Bauern-
familie hineingeboren. Er wuchs auf einem Bauernhof auf, den
er später übernahm. Erst mit 29 Jahren heiratete er, was damals
ungewöhnlich spät war. Aus der Ehe gingen zehn Kinder hervor.
Neben seiner Tätigkeit als Landwirt war er Ratsherr im Kanton
Obwalden und Richter in seinem Dorf. Dabei wurden sein Ge-
rechtigkeitssinn und seine Güte besonders hervorgehoben.

Schon als Kind zeigte er eine tiefe Frömmigkeit, auch wenn er
nicht Lesen und Schreiben gelernt hatte. Sein religiöses Wissen
bezog er aus den Erzählungen seiner Mutter und der sonntägli-
chen Predigt. Der 16-Jährige hatte einen Traum: Er sieht einen

hohen schönen Turm, dieser Turm ist ein Symbol für sein Leben. Wie ein Turm soll er fest im Boden verwurzelt sein und zugleich in den Himmel hineinragen. Er will das »Einig Wesen« suchen, wie er sich ausdrückt, und die Welt mit Gott verbinden. Diese Sehnsucht erfüllte ihn sein ganzes Leben lang. Er verlangte nach der Einsamkeit, um dort Gott ganz nahe zu sein. Sein ältester Sohn überliefert, dass er nachts, wenn alles sich zum Schlafen niedergelegt hatte, aufstand und sich ins Wohnzimmer an den Stubenofen setzte, um stundenlang zu beten. Viermal in der Woche fastete er. Als er seiner Familie seinen geheimen Wunsch offenbarte, er müsse von ihnen und vom Hof weggehen, um Gott ganz zu dienen, stieß diese Zumutung zunächst verständlicherweise auf Widerstand. Am Ende gab aber seine Frau nach und sprach ihr Ja zu seinem Entschluss, auch wenn sie nun allein dastand mit dem großen Hof und zehn Kindern! Das können bis heute viele nicht nachvollziehen, dass ein religiöser Mensch seine große Familie und den Bauernhof verlässt, um sich Gott ganz anheimzugeben. Sie werfen ihm vor, er habe gegenüber seiner Familie verantwortungslos gehandelt.

Mit 50 Jahren beginnt Nikolaus von Flüe ein neues Leben als Einsiedler. Er wählt auf Grund einer Vision eine Schlucht ganz in der Nähe seines Hofes und seiner Familie. Freunde und Nachbarn bauen ihm eine Kapelle mit einer angrenzenden Einsiedlerzelle. Hier wird er 20 Jahre lang leben, ganz der Gottesbetrachtung hingegeben.

Geschlafen hat er auf einem Brett, als Kopfkissen benutzte er einen Stein. Er verzichtete auf jegliche Nahrungsaufnahme. Seine einzige Nahrung war die Eucharistie, die er sonntags in der Pfarrkirche empfing. Seine Nahrungsverweigerung wurde von kirchlicher und staatlicher Seite überprüft mit dem Ergebnis, dass sie keinen Betrug entdecken konnten. Schon bald strömten die ersten Pilger zu seiner Klause und suchten seinen Rat und Trost. Unter ihnen befanden sich nicht nur einfache Leute, sondern auch Prälaten und Priester, ja selbst Edelleute. Er wird zum Berater für in- und ausländische Politiker. In der Nacht auf den 22. Dezember 1481 sucht ihn sein Priesterfreund auf. Er bringt schlechte Nachrichten: Die Tagsatzung in Stans, die der zerstrittenen Eidgenossenschaft endlich Frieden bringen sollte, ist gescheitert. Die Folge ist, dass ein Bürgerkrieg bevorsteht. Mit einer Botschaft des Eremiten eilt der Pfarrer nach Stans zurück und ruft die Tagungsteilnehmer nochmals zusammen. Sie hören sich den Rat von Bruder Klaus, wie er jetzt genannt wird, an und finden in kurzer Zeit den Frieden. Den Stadtkantonen Freiburg und Solothurn wird der Weg zur Aufnahme in den Bund gewährt. In der Schlusserklärung der Tagsatzung werden erwähnt die »Treue, Mühe und Arbeit, die der fromme Mann Bruder Klaus in dieser Angelegenheit gehabt hat«.

Was er der Versammlung vorgeschlagen hat, wissen wir bis heute nicht. Seine Frau erinnert sich später: »Unser Vater hat die Eidgenossenschaft vor einem Bürgerkrieg bewahrt. Auch unser Einsatz hat sich gelohnt.« Mit diesen letzten Worten erinnert sie daran, welchen Einfluss seine Familie für die Geschichte der Schweiz gehabt hat. Dies tritt manchmal in der Würdigung der Verdienste von Bruder Klaus ein wenig in den Hintergrund. Fast ein Jahr später denkt er in seinem Brief an den Rat zu Bern über den Frieden nach und fasst seine Erfahrungen und Überlegungen zum Frieden in die einfachen Worte: »Gehorsam ist die größte Ehr, die es im Himmel und auf dem Erdreich gibt. Darum sollt ihr schauen, dass ihr einander gehorsam seid.« Er hat seine Friedensbotschaft in die Worte gekleidet: »Fried ist allweg in Gott, denn Gott ist der Fried.« Wenn das all die Krieg führenden Mächte heute beherzigen würden, dann stünde es um den Frieden in der Welt besser.

In den Dienst kirchlicher Bemühungen um den Frieden hat sich in der Gegenwart die Gemeinschaft Sant'Egidio, eine neue geistliche Gemeinschaft mit Sitz in Rom, gestellt. Auf ihre Bemühungen hin konnte ein 20 Jahre währender Bürgerkrieg in Moçambique beendet werden, und dieser Friede hält bis heute an! Die Bewegung »Pax Christi« stellt sich ebenfalls in diesen Dienst. Müsste nicht gerade die Kirche Vorreiter einer weltweiten Friedensbewegung sein und jeden Krieg ächten? Sie müsste zum »Sakrament des Friedens« werden. Jesus hat die Anwendung jeglicher Gewalt abgelehnt, und was ist Krieg anderes als die Anwendung von Gewalt und Macht gegenüber dem Gegner?

In der Mystik von »Bruder Klaus« stehen im Mittelpunkt das Leiden Christi, die Eucharistie und die Dreieinigkeit. In seiner Klause hatte er stets ein Meditationsbild vor Augen, das wohl im Oberrheinischen entstanden ist. Darauf ist ein sechsspeichiges Rad dargestellt. In der Mitte das gekrönte menschliche Antlitz Christi, umgeben von sechs Medaillons und den vier Evangelisten. Die Medaillons geben in sechs Szenen einen »Spiegel der Erlösung des Menschen« und die entsprechende Antwort des Menschen in Werken der Barmherzigkeit wieder. Das »Radbild« fand bald weite Verbreitung. Seine Zeitgenossen betrachteten ihn als »lebendigen Heiligen« und »Vater des Vaterlandes«. Nach einer schweren Krankheit verstarb er unter starken Schmerzen im Alter von 70 Jahren. Seine Frau soll ihm in den letzten Stunden beigestanden haben. Es dauerte lange Zeit, bis die Kirche ihn im Jahre 1669 seliggesprochen und unter Papst Pius XII. heiliggesprochen hat. Was noch aussteht, ist die Heiligsprechung seiner Frau Dorothea, die an Stelle des Gatten die Verantwortung für Familie und Haus und Hof übernommen hatte, was Johannes Paul II. beim Gebet am Grab von Bruder Klaus ausdrücklich betont hat.

Bruder Klaus hat sein geistliches Testament in einem Gebet zusammengefasst, das gewissermaßen seine Mystik treffend zum Ausdruck bringt:

Mein Herr und mein Gott,
nimm alles von mir,
was mich hindert zu dir.
Mein Herr und mein Gott,
gib alles mir, was mich fördert zu dir.
Mein Herr und mein Gott,
nimm mich mir und gib mich ganz zu eigen dir.

Vertiefende Literatur:

P. Meier, Ich Bruder Klaus. Eine Geschichte aus der inneren Schweiz, Zürich 1997

Charles de Foucauld (1858–1916)

Eremit und Ordensstifter

Es gibt heute neben den alten traditionellen Orden wie Franziskaner, Dominikaner und Jesuiten eine Vielzahl neuer geistlicher Gemeinschaften, die zum Teil eine Bereicherung des kirchlichen Lebens darstellen. Es sind über hundert an der Zahl. Sie wollen auf eine neuzeitliche Weise in einer Gemeinschaft Christus nachfolgen. Zu ihnen zählen auch die »Kleinen Brüder Jesu« und »Kleinen Schwestern Jesu«, die auf den französischen Adligen und Eremiten Charles de Foucauld zurückgehen. Er wollte zu seinen Lebzeiten »eine kleine Kongregation gründen, deren Ziel es wäre, so exakt wie möglich das Leben unseres Herrn zu führen«. Dazu stellte er folgende Richtlinien auf: »Alle seine Ratschläge befolgen (gemeint waren damit die Ratschläge des Oberen), ausschließlich von unserer Hände Arbeit leben; auf so viel wie möglich verzichten, um so viel wie möglich den Armen zu geben: die Arbeit mit viel Gebet verbinden und kleine Gemeinschaften bilden, die sich überall ausbreiten, um die Liebe zu vermehren.«

Er erlebte es nicht mehr, dass sein Traum Wirklichkeit wurde. 1933, 27 Jahre nach seinem Tode, gründete René Voillaume in der Sahara die Gemeinschaft der »Kleinen Brüder Jesu« und 1939 Magdeleine Hutin die Gemeinschaft der »Kleinen Schwestern Jesu«. So lange hatte es gedauert, bis die von ihm ausgestreute Saat aufgehen konnte.

Dabei sah es anfangs gar nicht so aus, dass er, der Spross einer der reichsten adligen Familien Frankreichs, einmal diesen Weg der radikalen Nachfolge Jesu einschlagen würde. Vielmehr entfernt er sich in seiner Jugendzeit von seinem Glauben und lebt auf Grund eines unvorstellbaren reichen Erbes in Saus und Braus. Er bekannte: »Mit 17 Jahren war ich durch und durch egoistisch und gottlos, ich begehrte das Böse ... Ich hatte weder Gott noch die Menschen im Blick. Ich kreiste nur noch um mich selbst.« Zwölf Jahre lang lebt er ohne jeglichen Glauben. Wegen seines unsittlichen Lebenswandels wird er aus dem Jesuitengymnasium in Paris entlassen, ebenfalls aus dem gleichen Grund muss er als Offizier unehrenhaft das Militär verlassen. Vier Jahre lang durchstreift er das damals unbekannte Marokko, zu dem Christen keinen Zugang hatten. Dabei schließt er sich einem Juden an, der sein Führer war. »Folglich habe ich mich wie Juden in Marokko gekleidet, und man nennt mich ›Rabbi Joseph‹. Ich bete und singe in der Synagoge.« Dabei beobachtet er die Muslime, wie sie andächtig in der Moschee ihre Gebete verrichteten. Das wird für ihn der Anstoß zu seiner späteren Bekehrung.

Durch Vermittlung einer gläubigen Verwandten lernt er in Paris einen Priester kennen, der in den Salons der vornehmen Gesellschaft verkehrt und ein begehrter Gesprächspartner für Intellektuelle ist. Mit ihm schließt er sogleich Freundschaft. Er will von ihm in den christlichen Glauben eingeführt werden, doch der Geistliche lässt ihn zunächst beichten und reicht ihm die Kommunion. Er wird bis an sein Lebensende sein geistlicher Führer, dem er sich ganz anvertraut. Von ihm sagt er: »Gott hat mir die Gnade geschenkt, vom ersten Tag an einen unvergleichlichen Beichtvater zu finden.« Seit diesem Tag feiert er täglich die heilige Messe mit und kommuniziert. Er kommentiert seine Bekehrung mit den Worten: »Sobald ich glaubte, dass es einen Gott gibt, verstand ich auch, dass ich nichts anderes tun kann, als nur ihm zu leben.« Auf die Empfehlung des Abbé hin geht er für einige Jahre nach Israel, wo er in Jerusalem bewusst die niedrigste Arbeit verrichtet. Er will wie Jesus in Nazaret leben und ihm nachfolgen. Bei Ordensschwestern übernimmt er die Aufgaben eines Hausburschen. Die Begründung lautet: »Jesus wurde geboren, er lebte, er starb in der tiefsten Erniedrigung und der äußersten Schmach, indem er ein für alle Mal so sehr den letzten Platz einnahm. Und wenn er diesen letzten Platz ... innehatte, wollte er uns damit eine Lehre geben.«

Welch ein Wandel in seiner Auffassung vom gelingenden Leben: Als junger steinreicher Offizier lebte er in Saus und Braus. Er lag lässig ausgestreckt im mit Tressen verzierten Flanell-Pyjama auf einem Kanapee und verzehrte eine mit Trüffeln gefüllte Gänseleberpastete mit einem erlesenen Champagner. Hier drängt sich die Parallele zum Leben des heiligen Franz auf. Auch er verbrachte eine stürmische Jugendzeit mit allerhand Vergnügungen und stürzte sich ins militärische Abenteuer, ehe er durch ein tiefgreifendes Erlebnis seinem Leben eine entscheidende Wende gab. Fortan sucht Charles für sich den letzten Platz, er wählt wie Franz die Armut. Die Demut soll im Leben von Charles von nun an die entscheidende Rolle spielen. Für die von ihm entworfene Regel für die Fraternität Jesu, die ihm vor Augen schwebte, legt er fest: »Immer demütig sein, sanft und dienstbereit wie Jesus, Maria und Joseph im heiligen Haus Nazaret. So viel als möglich alle niedrigsten Hausgeschäfte selbst besorgen und sie nicht anderen überlassen.«

Er tritt dann dem strengen Orden der Trappisten bei, doch trifft er dort nicht auf die radikale Armut, wie sie ihm vorschwebte, und er verlässt die Ordensgemeinschaft wieder. Seit seinem Marokkoaufenthalt lässt ihn die Wüste nicht mehr los. So bekennt er einem Freund: »Diese Wüste hat für mich etwas zutiefst Beglückendes, es ist so beseligend und so heilsam, in der Einsamkeit zu verweilen im Angesicht der ewigen Dinge. Man fühlt, wie die Wahrheit allmählich immer mehr in uns einströmt.« Hier will er seiner Berufung nachgehen, Menschen für Jesus zu gewinnen. Er fühlt sich gerufen, zu den »verlorenen Schafen« zu gehen. »Mir ist kein verlasseneres Volk bekannt als die Muslime in der Sahara. Ich habe darum gebeten, nach Béni Abbès gehen zu dürfen, ein kleines Dorf in der algerischen Sahara nahe der Grenze zu Marokko.«

Dort leben die Tuareg, ein nomadischer Berberstamm in der Sahara, mit denen er sich bald anfreundet. Er wird wie ein alter Weiser verehrt und muss den Streit zwischen ihnen schlichten. Das Militär hat ihm eine Klause in der Wüste errichtet, drei Zellen, eine für Gäste, und eine Kapelle für das allerheiligste Sakrament; denn Charles war inzwischen zum Priester geweiht worden. Stundenlang kniet er vor dem Tabernakel und betet. Er übersetzt die Evangelien in die Sprache der einheimischen Bevölkerung, es ist ihr erstes Evangelium. Ganz bewusst verzichtet er auf eine Predigt als Mittel der Evangelisierung. Allein durch seine Präsenz will er ihnen Christus nahebringen. »Mein Apostolat soll ein Apostolat der Güte sein. Wenn man mich fragt, warum ich so freundlich und gut bin, antworte ich: ›Weil ich ein Diener Jesu bin, der viel gütiger ist als ich.‹« Schließlich muss er resigniert feststellen: »Seit zehn Jahren feiere ich nun die Messe in Tamanrasset, und es gibt keine einzige Bekehrung. Ich muss beten, arbeiten und geduldig sein.«

Eine ähnliche Erfahrung wird gegenwärtig den christlichen Seelsorgern in den neuen Bundesländern zuteil. Auch ihr Engagement findet keine Resonanz in der Bevölkerung, die sich den damals staatlich verordneten Atheismus so verinnerlicht hat, dass sie für das Wort des Lebens keine Antenne hat. Auch Charles bleibt es nicht erspart, wie anderen großen Heiligen, dass ihn gelegentlich Verzweiflung überkommt. »Wenn ich wenigstens fühlen könnte, dass Gott mich liebt. Aber er sagt es mir nie.« Mit diesem dunklen Schatten muss er leben. Zugleich geben ihm die Tuareg sehr großen Trost, er hat unter ihnen großartige Freunde gefunden.

Dennoch ereilt ihn am Ende 1916 ein tragisches Geschick: Eines Tages dringt eine Räuberbande in seine Einsiedelei in der Hoffnung, auf verborgenes Gold zu stoßen. Sie werden von einem freigelassenen Sklaven, den Charles gesundgepflegt hatte, angeführt. In ihrer Panik, weil zwei französische Kameltreiber am Horizont auftauchen, erschießen sie ihn. Das Allerheiligste werfen sie unversehrt in den Sand. So endet seine Mission bei den Tuareg auf den ersten Blick mit einem Misserfolg. Er endet wie sein Herr und Meister, dem er nachfolgen wollte und der am Kreuz elendiglich zugrunde ging. An Charles de Foucauld hat sich das Wort der Schrift erfüllt: »Amen, amen, das sage ich euch: Wenn das Weizenkorn nicht in die Erde fällt und stirbt, bleibt es allein; wenn es aber stirbt, bringt es reiche Frucht« (Joh 12,24).

Diese Frucht durfte er nicht mehr erleben, sie ging erst später auf mit der Gründung der »Geistlichen Familie von Charles de Foucauld«, zu denen sich heute über 13.000 Mitglieder bekennen. Diese haben sich von seinem Beispiel und seinen hinterlassenen Schriften inspirieren lassen und leben heute als kleine Gemeinschaften mitten in der Welt in sozialen Brennpunkten. Sie wollen wie »Bruder Karl« allein durch ihre Präsenz Christus verkündigen. Am Tag seiner Seligsprechung am 13. November 2005 haben sich Tausende von ihnen in Rom eingefunden, um ihrem geistlichen Vater und Stifter die Ehre zu erweisen. Die geistliche Saat ist, wenn auch erst spät, aufgegangen. Dafür wollten sie und die ganze Kirche ihm danken. Sie haben aus voller Überzeugung an diesem Tag gebetet – und wir können uns ihnen anschließen –: »Seliger Karl, bitte für uns!«

Vertiefende Literatur:

Ch. de Foucauld, Der letzte Platz, Einsiedeln 1979

Franz von Assisi (1181/2–1226)

»Der kleine Arme« und Ordensstifter

Als im letzten Konklave der neu gewählte Papst nach dem Namen gefragt wurde, den er sich zulegen wolle, vernahmen die Kardinäle zu ihrem großen Erstaunen den Namen: Franziskus. Franziskus, noch nie in der langen Geschichte des Papsttums hatte ein Amtsinhaber es gewagt, diesen gewaltigen Namen sich anzueignen. Denn mit diesem Namen war ein höchst anspruchsvolles Programm verbunden, an diesem Namen würde der Papst einmal gemessen werden. Unmittelbar nach der Wahl hat nach Aussagen des Papstes der neben ihm sitzende brasilianische Kardinal Cláudio Hummes ihm ins Ohr geflüstert: »Vergiss die Armen nicht!« In diesem Augenblick habe er spontan an Franziskus von Assisi gedacht, den »Menschen der Armut und des Friedens, der die Kreatur schützt«. Das habe ihn zur Wahl dieses Namens inspiriert.

Franz von Assisi ist der volkstümlichste Heilige, der weit über die konfessionellen Grenzen die Herzen der Menschen berührt hat und immer noch bezaubert. Er gilt als der »menschlichste von allen Heiligen«. Vom Time-Magazin wurde er zum »Mann des Jahrtausends« gewählt. Sein Werdegang ist abenteuerlich und beeindruckend: Er entstammte einer vornehmen und wohlhabenden Patrizierfamilie in Assisi und verbrachte eine stürmische, ausschweifende Jugendzeit, in der er nichts »anbrennen« ließ. Früh erwachte in ihm aber der Wunsch, ein Ritter zu werden, aber nichts deutete darauf hin, dass er einmal eine so radikale Kehre vollziehen würde, die sein Leben in eine andere Richtung wies: Im Jahre 1202 nahm er an dem Städtekrieg zwischen Assisi und Perugia teil, in dessen Verlauf er in Gefangenschaft geriet. Dieses Erlebnis gab ihm Gelegenheit, sein bisheriges Leben zu überdenken, und er gelangte zu der Erkenntnis, dass es oberflächlich und wenig befriedigend verlaufen war.

Im Gebet wandte er sich an Gott, und in der Kirche San Damiano hatte er einen Traum, in dem Gott ihn anwies: »Franziskus, geh und bessere mein Haus aus, das, wie du siehst, ganz zerfallen ist.« Er deutete diesen Traum zunächst als Hinweis auf den beklagenswerten Zustand dieses Kirchengebäudes, doch bald erkannte er, dass mit der Kirche nicht ein Gebäude, sondern die katholische Kirche gemeint war, die sich damals in einem beklagenswerten Zustand befand. Er war bereit, diesem Ruf zu folgen und sich ganz in den Dienst Jesu Christi zu stellen und den Armen zu dienen. Aus dem weltlichen Ritter wurde der kleine Arme, der die Armut sich zur Braut erkoren hatte. Vor den Augen des Bischofs, seines Vaters und einer großen Menschenmenge entledigte er sich seiner Kleider und rannte nackt aus der Stadt hinaus. Jetzt war er ganz frei und konnte uneingeschränkt seiner Bestimmung leben. Den letzten Anstoß für seine Bekehrung gab eine Predigt über die Worte der Schrift: »Wenn du vollkommen sein willst, geh, verkauf deinen Besitz und gib das Geld den Armen, so wirst du einen bleibenden Schatz im Himmel haben; dann komm und folge mir nach« (Mt 19,21).

Franz zog sich eine braune Kutte an, schnürte sie mit einem Strick und ging fortan nur mit Sandalen bekleidet durch die Welt. Schon früh galt seine ganze Fürsorge den Armen und Kranken. Er sagte einmal: »Wenn du einen Armen siehst, dann musst du Christus in ihm sehen.« So konnte er seinem Herrn dienen. Entscheidend für die Echtheit seiner Bekehrung war seine Einstellung zu den Aussätzigen, von denen er sich bisher

Franz von Assisi (1181/2–1226)

zurückgezogen hatte, weil er sich vor ihnen ekelte. Jetzt wandte er sich ihnen liebevoll und fürsorglich zu. Er hat diese neue Hinwendung zu den Aussätzigen mit den Worten kommentiert: »So hat der Herr mir gegeben, das Leben in Buße zu beginnen. Denn, da ich in Sünden war, erschien es mir unerträglich bitter, Aussätzige anzublicken. Und der Herr selbst hat mich unter sie geführt, und ich habe ihnen Barmherzigkeit erwiesen. Und während ich fortging, wurde mir gerade das, was mir bitter erschien, in Süßigkeit der Seele und des Leibes verwandelt.«

Bekanntlich geht der Brauch, zu Weihnachten eine Krippe aufzubauen, auf den heiligen Franz zurück. Bei seiner ersten Weihnachtsfeier in der kleinen italienischen Stadt Greccio mit einer echten Krippe im Wald sagte er in der Predigt zu den Leuten: »Hier in der Krippe kam Jesus als armes Kind auf die Welt, umgeben von Tieren und staubigem Stroh. Und er blieb ein Leben lang ein Freund der Armen. Er war immer bei denen zu finden, die seine Hilfe brauchten. Davon will uns die Krippe erzählen.«

Sehr bald schlossen sich ihm gleichgesinnte Gefährten an, die zum Teil wie er aus vornehmen Kreisen stammten. Sie fühlten sich von seinem Beispiel angezogen und waren bereit, dem Herrn und den Armen mit allen Konsequenzen zu dienen. Für diese Gemeinschaft entwarf er eine erste Ordensregel, die vom Papst bestätigt wurde. Sie nannten sich »Minderbrüder« oder auch Minoriten. Gegenüber den herkömmlichen Orden waren sie nicht an ein Kloster gebunden, mit dem Besitz und Reichtum verbunden war. Genau diese Bindung wollte der Heilige vermeiden, weil dadurch das Ideal der Armut und Besitzlosigkeit verdunkelt würde. Die Bewegung breitete sich in Windeseile aus, bei seinem Tod umfasste der Orden bereits 5.000 Brüder! Später kamen noch ein zweiter, weiblicher Orden hinzu, die sog. Klarissen, zurückgehend auf die heilige Klara, und ein sog. Dritter Orden, ein Laienorden.

Charakteristisch für die Spiritualität des heiligen Franz war seine leidenschaftliche Liebe zu Jesus Christus. In der Ordensregel heißt es: »Alle Brüder sollen unserem Herrn Jesus Christus in seiner Demut und Armut folgen.« Franz wollte Christus immer ähnlicher werden. Während einer Ekstase auf dem Berg La Verna in Norditalien empfing Franz die Wundmale Jesu; es war die erste Stigmatisierung in der Geschichte der Kirche. Ein Zeitgenosse berichtet über seine glühende Christusliebe: »Immer war er (Franziskus) mit Jesus beschäftigt, Jesus trug er stets im Herzen, Jesus in den Ohren, Jesus in den Augen, Jesus in den Händen, Jesus in seinen übrigen Gliedern. Und weil er in wunderbarer Liebe immer Jesus Christus, und zwar den Gekreuzigten in seinem Herzen trug, wurde er auch mit seinen Zeichen so herrlich gezeichnet.« So wurde er zu einem »Abbild des Gekreuzigten«. Das ist seine Botschaft an uns, dass wir im Gekreuzigten die große Liebe Gottes zu uns Menschen erblicken sollen, der sich herabgelassen hat, unsere Niedrigkeit anzunehmen, um uns auch im Dunkel des Leidens ein Weggefährte zu sein. Denn auch uns bleiben im Verlauf des Lebens das Dunkel und die Abgründe menschlichen Lebens nicht erspart.

Im Alter von 44 Jahren starb der Heilige in seiner Zelle in Portiuncula, wo er sein Leben als »kleiner Armer« begann. Liegend auf dem blanken Fußboden sang er ein Loblied auf seinen Herrn, dem er so treu in seinem Leben gedient hatte. Schon zwei Jahre nach seinem Tode wurde er zur Ehre der Altäre erhoben. Seitdem reißt die Verehrung dieses »Heiligsten im allerhöchsten Sinn des Wortes« (Romano Guardini) nicht ab. Davon kann sich jeder überzeugen, der einmal Assisi aufgesucht hat, wo er zur letzten Ruhe gebettet wurde. Hundertausende strömen Jahr für Jahr an diesen Ort, um diesem großen Heiligen ihre Ehre zu erweisen. Am 4. Oktober, dem Gedenktag des heiligen Franziskus, betet die Kirche: »Gott, du Vater der Armen, du hast den heiligen Franz von Assisi auserwählt, in vollkommener Armut und Demut Christus ähnlich zu werden. Mache uns bereit, auf den Spuren des heiligen Franz, deinem Sohn nachzufolgen, damit wir in Freude und Liebe mit dir verbunden bleiben. Darum bitten wir durch Jesus Christus.«

Vertiefende Literatur:

R. Abeln, Der heilige Franziskus. Leben – Legenden – Bedeutung, Kevelaer 2014

Clemens August Graf von Galen (1878–1946)

»Der Löwe von Münster«

Dem nationalsozialistischen Unrechtsregime, das die Gerechtigkeit mit Füßen getreten und eine Willkürherrschaft aufgerichtet hat, sind Millionen Menschen zum Opfer gefallen. Zu den Gräueltaten der Nazis gehört auch die »Euthanasie«, die Tötung angeblich »lebensunwerten Lebens« von Geisteskranken. Dagegen hat unter Einsatz seines eigenen Lebens der Bischof von Münster, Clemens August Graf von Galen, 1941 in einer bewegenden Predigt lautstark protestiert. Sie hat seinem Namen eine Leuchtkraft im In- und Ausland verliehen, wenn auch sein Widerstand im Dritten Reich darauf nicht reduziert werden darf.

Wer war dieser »Löwe von Münster«, was hat ihn geprägt und befähigt zu seinem mutigen Widerstand gegen das »Neuheidentum« der Nationalsozialisten? In ihm unterschied er sich von fast allen anderen deutschen Bischöfen, die er an Mut und Unerschrockenheit übertraf. Es gab aber auch einige Mitstreiter im deutschen Episkopat, so sein Berliner Mitbruder Graf von Preysing, ein entfernter Verwandter!

Galen entstammte einem alten westfälischen Landadel, der durch und durch katholisch geprägt war und in Treue zum Papst stand. Mehrere Mitglieder dieser angesehenen Familie wurden zu Bischöfen bzw. Weihbischöfen ernannt. So auch Clemens August im Jahre 1933. Er war auf Grund seiner Erziehung konservativ monarchisch gesinnt und stand der Weimarer Demokratie skeptisch bis ablehnend gegenüber. Auch die Gewerkschaftsbewegung war ihm fremd, was nicht ausschloss, dass er sozial engagiert war. Dagegen war sein Ja zum Staat eindeutig, denn er war überzeugt, dass jede staatliche Autorität gottgewollt sei und daher respektiert werden müsse. Aus Abneigung gegenüber dem Sowjetregime hat er den Zweiten Weltkrieg als rechtmäßig betrachtet, was wir heute im Nachhinein als höchst fragwürdig beurteilen müssen. Denn damit wurde der Tod von Millionen Menschen, auch von Zivilpersonen, gerechtfertigt, die unschuldig ihr Leben lassen mussten. All das dadurch heraufbeschworene Leid kann nicht mit der Ablehnung des Kommunismus gerechtfertigt werden. Auch hat er die Annexion des Saarlandes durch Deutschland gebilligt. So gibt es also durchaus dunkle Flecken in seiner Biographie, die wir nicht verschweigen dürfen. Bischöfe sind in politischen Fragen nicht klüger als die sog. Laien. Sie haben es inzwischen aufgegeben, Wahlempfehlungen an ihre Gläubigen zu erteilen. Und das ist gut so.

Galens Wahlspruch zur Bischofsweihe weist schon in die noch vor ihm liegende Zukunft: »Weder Menschenlob noch Menschenfurcht« – er sollte für ihn noch zu weitreichenden Konsequenzen führen. Er kommentierte ihn in einem Hirtenbrief mit den Worten: »Das soll mein Wahlspruch sein, das soll uns allen Richtschnur sein: Nicht Menschenlob, nicht Menschenfurcht soll uns bewegen. Aber das Lob Gottes zu fördern sei unser Ruhm, selbst in Gottesfurcht zu wandeln, sei unser beharrliches Streben ... Weder Menschenlob noch Menschenfurcht soll mich jemals daran hindern.«

Schon früh verurteilte er das neuheidnische Gedankengut der Nazis in Predigten und Hirtenbriefen. Es würde das Fundament der Religion und der gesamten Kultur angreifen; denn hier würde die Rasse über die Sittlichkeit gestellt. Der Konflikt spitzte sich immer mehr zu und erreichte seinen Höhepunkt in den drei berühmten Predigten des Sommers 1941 in Münster. Und das zu einem Zeitpunkt, da Hitler den Höhepunkt seiner Macht erreicht hatte. Doch genau und gerade zu dieser Zeit fühlte sich der Bischof gedrängt, in aller Öffentlichkeit das Unrechtsregime anzuprangern. Unmittelbarer Anlass war der »Klostersturm«, bei dem Klöster beschlagnahmt und die Patres und Nonnen vertrieben wurden. Galen appellierte an seine Zuhörer, fest zu bleiben. Er rief ihnen zu: »Wir sind in diesem Augenblick nicht Hammer, sondern Amboss. Andere, meist Fremde und Abtrünnige hämmern auf uns ... Wir sind Amboss und nicht Hammer! ... Was auf dem Amboss geschmiedet wird, erhält seine Form nicht nur vom Hammer, sondern auch vom Amboss. Der Amboss kann nicht und braucht auch nicht zurückzuschlagen, er muss nur fest, nur hart sein! ... Meistens hält der Amboss länger als der Hammer.« Wer einmal im Rahmen einer Wallfahrt nach Kevelaer fährt, wird dort auf eine Skulptur treffen, welche die Erinnerung an das Bild vom Amboss und den kirchenpolitischen Hintergrund wachruft.

Der Höhepunkt der öffentlichen Intervention des Bischofs fand am 3. August 1941 in der St.-Lamberti-Kirche in Münster statt. Sie übertraf alle bisherigen scharfen Attacken des Oberhirten. Auslöser war das Euthanasieprogramm der Nazis gegenüber unheilbar Kranken und Behinderten. Sie wurden als lebensunwert betrachtet und umgebracht. Der Bischof wurde durch einen Anstaltspfarrer darüber in Kenntnis gesetzt. Das nahm Galen zum Anlass, eine Brandrede gegen das unbarmherzige Naziregime von der Kanzel aus zu halten. Diese Predigt hat ihn berühmt und zugleich bei den Nazis verhasst gemacht. Er galt als der gefährlichste Gegner des Regimes. Zugleich erstattete er Anzeige bei der Staatsanwaltschaft und beim Polizeipräsidenten in Münster. In der Predigt führte er aus: »Wenn einmal zugegeben wird, dass Menschen das Recht haben, ›unproduktive‹ Mitmenschen zu töten … dann ist grundsätzlich der Mord an allen unproduktiven Menschen, also an den unheilbar Kranken, den Invaliden der Arbeit und des Krieges, dann ist der Mord an uns allen, wenn wir alt und altersschwach sind und damit unproduktiv werden, freigegeben.«

Diese Predigt schlug wie eine Bombe ein, sie wurde von Hand zu Hand über Länder und Kontinente verbreitet. Nicht wenige setzten dabei ihr eigenes Leben aufs Spiel. Mehrere wurden wegen der Verbreitung der drei Predigten in Gefängnisse und Konzentrationslager eingesperrt und starben teilweise auch dort, wie die drei Lübecker Kapläne und der evangelische Pfarrer Stellbrink. Die NS-Leitung war empört, sie empfand diese Attacke als Majestätsbeleidigung und viele verlangten die sofortige Hinrichtung des Bischofs. Er selbst rechnete auch mit seiner Verhaftung und wies seinen Privatsekretär an, ihm Wäsche ins Gefängnis zu bringen, wenn es dazu kommen sollte. Doch die Regierung behielt Ruhe und Kaltblütigkeit. Sie erkannte, dass das katholische Münsterland geschlossen hinter dem Bischof stand. Eine Verhaftung hätte sie sich nicht leisten können, das hätte eine Schwächung der Wehrkraft des deutschen Volkes zur Folge gehabt. So verschob man die Abrechnung mit von Galen auf die Zeit nach dem »Endsieg«, der gottlob nicht eingetreten ist.

Bei der Seligsprechung 2005 in Rom hat Papst Benedikt XVI. gesagt: »Wir alle, und besonders wir Deutsche, sind dankbar, dass uns der Herr diesen großen Zeugen des Glaubens geschenkt hat, der in finsterer Zeit die Macht der Tyrannei gezeigt hat. Aber wir sollen uns auch fragen: Von woher kam ihm diese Einsicht in einer Zeit, in der gescheite Leute der Verblendung verfielen? Und von woher kam ihm die Kraft zum Widerstand in einem Augenblick, in dem auch starke Menschen sich schwach und feige gezeigt haben? Einsicht und Mut sind ihm aus dem Glauben gekommen, der ihm die Wahrheit gezeigt und das Herz und die Augen dafür geöffnet hat, und weil er Gott mehr fürchtete als die Menschen.«

Brauchen wir nicht auch heute diesen Glauben und diesen Mut, um gegen veröffentlichte Meinungen und Trends anzukämpfen und Gott mehr zu gehorchen als den Menschen? Kämpfen wir in Erinnerung an den großen Bischof von Münster für den Lebensschutz von Anbeginn bis ans Lebensende. Orientieren wir uns an Gottes Weisungen, an den Zehn Geboten und an dem Gebot der Gottes- und Nächstenliebe. Fürchten wir Gott mehr als die Menschen! Das hat uns von Galen auf eindrucksvolle Weise vorgelebt, daran sollten wir Maß nehmen und in seinen Fußspuren wandeln.

Vertiefende Literatur:

M. Trautmann, Clemens August von Galen: Ich erhebe meine Stimme, Kevelaer 2005

Nikolaus Groß (1898–1945)

Arbeiterführer und Widerstandskämpfer

Wenn man sich die Liste der von der Kirche zu Seligen bzw. zu Heiligen erklärten Männer und Frauen anschaut, dann fällt auf, dass es sich in der überwiegenden Mehrzahl um Kleriker oder Ordensleute handelt. Vergeblich wird man unter ihnen viele Laien entdecken, auch so gut wie keine Familienväter. Eine Ausnahme bildet der selige Nikolaus Groß, der im sog. Dritten Reich Widerstand geleistet und dafür sein Leben hingegeben hat.

Er stammt vom Niederrhein und hat in der Tradition seiner Familie fünf Jahre im Bergbau im »Ruhrpott« gearbeitet. Nebenbei hatte er sich weitergebildet und konnte so als Journalist und späterer Chefredakteur der Verbandszeitschrift der KAB tätig werden, die vor ihrer Auflösung durch die Nazis »Ketteler-Wacht« hieß. Er war Familienvater einer siebenköpfigen Kinderschar, die zusammen mit seiner Ehefrau sein Ein und Alles war. Er hat einmal gesagt: »Sieben Kinder um einen Tisch! Mit keinem Mächtigen und Großen der Erde tausche ich meinen Platz. Mag der Andere auch viele Tische haben, die seine Wohnung füllen, sie können meinen Neid nicht wecken, wenn nur einer mit dem Notwendigen gedeckt bleibt … Keiner, dem der Reichtum der Erde und die Ehre der Menschen zugefallen ist, kann mehr besitzen, als ich besitze, wenn ich die Sieben froh und gesund an Leib und Seele um mich versammelt habe.« Darüber hat er ein kleines Buch mit dem Titel: »Sieben um einen Tisch« verfasst, das erst nach dem Krieg erscheinen konnte.

Hier hat er seine Erziehungsgrundsätze niedergelegt, die vom christlichen Glauben geprägt waren.

Zu den Sieben gehörte auch seine Ehefrau, die er in seinen Briefen oft mit »herzallerliebste Mutter« oder »allerliebste Frau und Mutter« anredete. Ihr war er in tiefer Liebe zugetan und führte mit ihr eine glückliche Ehe. Sie hatte ihn auch in seinem Kampf gegen das Unrechtsregime unterstützt. Noch im Gefängnis schreibt er: »Außer Gott füllt nur ihr meine Gedanken aus.« Ein zweites Manuskript aus seiner Feder ist unvollendet geblieben, es kreist um den Glauben, sein Kraftzentrum im Kampf um Wahrheit und Gerechtigkeit und in den sechs Monaten, die er im Gefängnis verbracht hatte. Es trägt den Titel »Unter heiligen Zeichen«. Im Zentrum dieser Glaubenslehre steht der Satz »Unser Herz betet«. Das Mittags- und Abendgebet war ein ständiges Ritual in der Familie. Er war ein großer Beter, das zeigte sich am Ende seines Lebens. Seiner Frau sagte er im Gefängnis: »Glaube nicht, dass ich einsam bin. Wer die Kraft und die Macht des Gebetes kennt, ist nie einsam … Nein, wer sich so viel mit Gott beschäftigt, hat keine Langeweile, und der Gespräche mit ihm werde ich nicht überdrüssig. Sei also getrost, Mutter, ich verbringe meine Tage in bester Weise und Gesellschaft.«

Und der katholische Gefängnispfarrer Peter Buchholz bezeugt: »Einer der Edelsten und Besten, dem ich in Tegel begegnete und dem ich in der Folge mehrere Male in der Woche regelmäßig begegnen konnte, war Nikolaus Groß. Wie oft habe ich ihn kniend vor seinem Zellenschemel getroffen, wenn ich unvermittelt die Tür aufschloss! Es war geradezu ergreifend, mit welcher Ehrfurcht, Dankbarkeit und gläubiger Hingabe er die heilige Kommunion empfing, die ich ihm bei jedem Besuch reichen konnte.« Vor seiner Inhaftierung besuchte er in Köln täglich die

Nikolaus Groß (1898–1945)

heilige Messe in seiner Pfarrkirche St. Agnes und ministrierte dem damaligen Verbandspräses Dr. Otto Müller, der auch ein Opfer des Widerstandes geworden ist. Auch die Eucharistie war für ihn ein Zentrum seines geistlichen Lebens. Der Sonntag war für ihn und seine Familie ein Feiertag und wurde entsprechend begangen. Gegenüber seinem Schöpfer empfand er eine große Dankbarkeit. »Gebet, Gnade, Dank, Dankbarkeit«, das ist ein immer wiederkehrender Kehrvers in seinen Gefängnisaufzeichnungen. Er war ein dankbarer Mensch, der alles, was ist, nicht als selbstverständlich betrachtete, sondern als großes Geschenk aus der Hand des Schöpfergottes entgegennahm. Seine Glaubenslehre ist kein Dokument eines gelehrten Theologen, sondern einfacher Ausdruck seines gelebten Glaubens, den er an andere weitergeben wollte.

Schon früh erkannte er die große Gefahr, die dem deutschen Volk mit dem Aufkommen des Nationalsozialismus drohte. Er ließ sich nicht von den Propagandaparolen Hitlers gefangen nehmen, vielmehr durchschaute er sie und bekämpfte sie in den Publikationsorganen der katholischen Arbeiterbewegung. Während die Partei des Zentrums, der er auch angehörte, noch einen Modus Vivendi mit der neu aufkommenden Partei anstrebte, bot er der neuen Bewegung die Stirn und erblickte in ihr den »Hauptgegner«. 1933 schrieb er: »Wir lehnen als katholische Arbeiter den Nationalsozialismus nicht nur aus politischen und wirtschaftlichen Gründen, sondern auch aus unserer religiösen und kulturellen Haltung entschieden und eindeutig ab.« Er betitelte die Nazis als »Todfeinde des heutigen Staates«. Diese Provokation forderte die Gegenseite heraus. Sehr bald wurde er mehrmals zu Verhören geladen. Zeitweilig erhielt die von ihm redigierte Arbeiterzeitschrift Erscheinungsverbot. 1938 wurde die »Ketteler-Wacht« endgültig verboten, sie musste ihr Erscheinen einstellen.

Es blieb nicht aus, dass Groß Kontakte zu Widerstandsgruppen aufnahm, die sich Gedanken über ein neues Deutschland nach dem verlorenen Krieg machten. Er begründete es mit den Worten: »Wenn wir heute nicht unser Leben einsetzen, wie sollen wir dann vor Gott und unserem Volk einmal bestehen?« Dabei nahm er sogar in Kauf, dass sein Einsatz für seine große Familie fatale Folgen haben würde. Hier fühlte er sich seinem christlich geprägten Gewissen verpflichtet. Davor hatte man ihn gewarnt. Seine Ehefrau war in seine konspirative Tätigkeit eingeweiht, wenn auch nicht in Einzelheiten, und hat sie gebilligt. Ihr Mann beteiligte sich an Gesprächen des sog. »Fuldaer« und »Kölner Kreises«. Männer wie Karl Arnold, Jakob Kaiser, Pater Laurentius Siemer und Pater Eberhard Welty nahmen daran teil. Sie pflegten auch Kontakte zum sog. Kreisauer Kreis um Helmuth James Graf Moltke und Pater Alfred Delp. Es ging hier um die künftige gesellschaftliche und politische Gestalt eines demokratischen Deutschland nach dem zu erwartenden verlorenen Krieg.

Dazu hat Groß zwei Schriften verfasst, die vermutlich zu seiner Verhaftung und Anklage geführt haben. Groß musste mit seiner drohenden Verhaftung rechnen. Er ging dieses Risiko ein. Dieser moralische Widerstand gegen ein verbrecherisches Regime von Seiten der Laien fand auf bischöflicher Seite damals kein Pendant. Hier versuchte man sich, von wenigen Ausnahmen abgesehen, anzupassen und das Schlimmste für den deutschen Katholizismus zu verhindern, indem man blauäugig konkordatäre Vereinbarungen mit den Nazis traf, die von diesen nicht eingehalten wurden. Während der braunen Schreckensherrschaft starben eines gewaltsamen Todes: 160 Diözesanpriester, 60 Ordenspriester und 110 Laien. Das war ein hoher Blutzoll.

Nikolaus Groß wurde am 25. Januar 1945 im Gefängnis Plötzensee durch den Strang hingerichtet. Seine Asche wurde verstreut, um ein christliches Begräbnis zu verhindern. Vier Tage vor der Vollstreckung des Todesurteils schrieb er bewegende Worte an seine Familie, die Ausdruck tiefer Verbundenheit mit seinen Angehörigen, aber auch seines unerschütterlichen Gottvertrauens waren: »Mit inniger Liebe und tiefer Dankbarkeit denke ich an Euch zurück. Wie gut ist doch Gott und wie reich hat er mein Leben gemacht. Er gab mir seine Liebe und Gnade, und er gab mir eine herzensliebe Frau und gute Kinder. Bin ich ihm und Euch dafür nicht lebenslangen Dank schuldig? ... Habt keine Trauer um mich – Ich hoffe, dass mich der Herr annimmt. Hat er nicht alles wunderbar gefügt? ... Sieh, liebe Mutter, so menschlich schwer und schmerzlich mein frühes Scheiden auch sein mag – Gott hat mir damit gewiss eine große Gnade erwiesen. Darum weinet nicht und habt auch keine Trauer, betet für mich und danket Gott, der mich in Liebe gerufen und heimgeholt hat.«

Das sind bewegende Worte eines tief gläubigen Christen, der großen Mut und Zivilcourage in den bittersten Stunden unseres Vaterlandes bewiesen hat. Mit Recht hat die Kirche ihn in die Schar der Seligen aufgenommen. Bei seiner Seligsprechung in Rom am 7. Oktober 2001 hat Papst Johannes Paul II. gesagt: »Im seligen Märtyrer Nikolaus Groß verwirklicht sich, was der Prophet vorausgesagt hat: ›Der Gerechte bleibt wegen der Treue am Leben.‹«

Vertiefende Literatur:

V. Bücker, B. Nadorf, M. Potthoff (Hrsg.), Nikolaus Groß. Arbeiterführer – Widerstandskämpfer – Glaubenszeuge, Münster 2001

Dag Hammarskjöld (1905–1961)

Politiker und Mystiker

In der Nacht vom 18. auf den 19. September 1961 stürzte ein
UN-Flugzeug an der Grenze zwischen der Demokratischen
Republik Kongo und dem heutigen Sambia ab. Kein Insasse
überlebte den Absturz. Unter den Toten befand sich auch der
UNO-Generalsekretär Dag Hammarskjöld, der sich auf dem
Weg zu Friedensbemühungen in der Kongokrise befand. Die
Ursache dieses Absturzes ist bis heute nicht geklärt. Es gibt
Indizien, die auf ein Attentat westlicher Geheimdienste hin-
deuten.

Hammarskjöld entstammte einem alten schwedischen Adels-
geschlecht, aus dem viele Persönlichkeiten hervorgingen, die
sich um das Vaterland verdient gemacht haben. Sein Vater war
im Ersten Weltkrieg drei Jahre lang Ministerpräsident. Auch
er selbst hat viele verantwortliche Positionen in der schwedischen Regierung bekleidet. So hat er u. a. mitgewirkt an dem
Gesetzesentwurf für den modernen schwedischen Sozialstaat,
der zum Vorbild auch für andere europäische Staaten wurde. 1953
wurde er zum Generalsekretär der Vereinten Nationen gewählt
und vier Jahre später zum zweiten Mal. Seine Regierungszeit
gilt als eine der erfolgreichsten, auf ihn geht u. a. die Gründung
der UN-Blauhelmtruppe zurück. Er hat mit friedlichen Mitteln
den Konflikt um den Suezkanal gelöst. Selten war das Vertrauen
in die UNO so groß wie während dieser Zeit, was nicht zuletzt auch sein Verdienst war. Sein Engagement für den Frieden
war aber ein Dorn im Auge einiger Großmächte wie der USA,
Großbritannien und Frankreich.

Er begründete sein politisches Handeln mit den Worten: »Von Generationen von Soldaten und Verwaltungsbeamten väterlicherseits erbte ich den Glauben, dass kein Leben befriedigender sei als das des selbstlosen Dienstes für Vaterland oder Menschheit. Dieser Dienst erfordert das Opfer aller persönlichen Interessen, aber zugleich den Mut, unbeugsam für seine Überzeugungen einzutreten.« Diesen Mut hat er mit dem Einsatz seines Lebens bezahlt, und bis ans Ende ist er sich selbst treu geblieben. In seinen Tagebuchaufzeichnungen ist immer wieder von Opfer, selbstloser Hingabe, Leben für andere und Pflicht die Rede. »Das Leben hat Wert nur durch seinen Wert für andere.« Das war seine Lebensmaxime, danach hat er gehandelt. Drei Monate nach seinem Tod wurde ihm posthum der Friedensnobelpreis verliehen. Den hatte er sich redlich verdient bei seinen vielfältigen Bemühungen um den Frieden.

Bis zu seinem gewaltsamen Tod lernte die Weltöffentlichkeit Hammarskjöld nur als erfolgreichen Politiker kennen, erst später sollte eine andere Facette seiner Persönlichkeit ans Licht treten, die er zeit seines Lebens verborgen gehalten hatte. Jetzt fesselte die tief religiöse Persönlichkeit des Generalsekretärs die Aufmerksamkeit der Menschen. In seinem Hotelzimmer, das er vor seinem Abflug bezogen hatte, fand man ein Exemplar der »Nachfolge Christi« von Thomas von Kempen, eines der nach der Bibel am weitesten verbreiteten Bücher der Weltliteratur. Seine Mutter hatte es ihm zur Konfirmation geschenkt. Es wurde zu seinem ständigen Lebensbegleiter, immer wieder las er in diesem geistlichen Vademecum.

Noch größere Aufmerksamkeit fand aber sein Tagebuch, das unter dem Titel »Zeichen am Weg« veröffentlicht wurde und weltweite Beachtung fand. Seit seinem 20. Lebensjahr hat er bis zu seinem Tod ein Tagebuch geführt. Er gab es zur Veröffentlichung nach seinem Tod frei. Dazu bemerkte er: »Diese Aufzeichnungen – ? Sie waren Wegzeichen, aufgerichtet, als du an einem Punkt kamst, wo du sie brauchtest, einen festen Punk, der nicht verlorengehen durfte … Aber dein Leben hat sich verändert, und du rechnest nur mit möglichen Lesern. … Für manchen könnte es doch von Bedeutung sein, einen Schicksalsweg zu verfolgen, über den der Lebende nicht sprechen möchte. Ja, aber nur wenn deine Worte aufrichtig sind, jenseits von Eitelkeit und Selbstbespiegelung.« Schonungslos deckt er seine Einsamkeit auf, die ihn seit der Jugendzeit bedrückt hat, und die immer wieder Gedanken an den Tod aufkommen ließ.

Er lässt uns aber auch Einblick nehmen in seinen geistlichen Werdegang. Und er spricht über seine Zweifel und Unsicherheiten. Auf seinem Weg sind ihm viele Geburtshelfer und Wegbegleiter hilfreich gewesen. An erster Stelle wäre der schwedische Erzbischof und Ökumeniker Nathan Söderblom (1866–1931) zu nennen, ein Freund der Familie und zeitweilig Hauslehrer der vier Hammarskjöld-Söhne. Dann auch der jüdische Philosoph und Theologe Martin Buber, dessen Hauptwerk »Ich und Du« er noch im Flugzeug übersetzen wollte. Und nicht zuletzt war er fasziniert von dem caritativen Engagement Albert Schweitzers, des »Urwalddoktors von Lambarene«. Mit ihnen allen stand er in brieflichem Kontakt. Entscheidende Impulse für seine geistliche Entwicklung verdankte er seiner frommen Mutter, mit der bis an ihr Lebensende zusammengelebt hat. Im Rückblick schreibt er darüber: »Von meinen Vorfahren mütterlicherseits, den Gelehrten und Geistlichen, habe ich den Glauben geerbt, dass alle Menschen gemäß der radikalsten Auslegung des Evangeliums als Kinder Gottes gleich sind und von uns als unsere Brüder in Gott behandelt werden sollten. In dieser Weise haben wir ihnen zu begegnen.« In seinen geistlichen Aufzeichnungen begegnen uns sehr oft die mittelalterlichen und frühen neuzeitlichen Mystiker, vor allem Meister Eckhart und Johannes vom Kreuz, aber auch Blaise Pascal. Er ist in deren Schule gegangen und war bemüht, sich selbst zu lassen, um ganz in Gott aufzugehen.

Einige Zitate mögen seine mystische Spiritualität ins rechte Licht rücken: »Lass dem Inneren den Vorrang vor dem Äußeren, der Seele vor der Welt – wohin es auch führt.« »In dem Einen bist du niemals einsam, in dem Einen bist du allezeit zu Hause.« »In dem Glauben, der ›Gottes Vereinigung‹ mit der Seele‹ ist, hat darum alles einen Sinn.« »Das Mysterium ist ständig Wirklichkeit bei dem, der inmitten der Welt frei von sich selbst ist.« »Die längste Reise ist die Reise nach innen.« »Die Einsamkeit ist keine Krankheit zum Tode, aber sie wird erst durch den Tod überwunden.« »Immer ein Fragender, werde ich dort sein, wo das Leben verklingt – ein klar schlichter Ton im Schweigen.« Er hat versucht, als Christ zu leben, auch wenn das nur wenige seiner Vertrauten gewusst haben.

Erst sein literarisches Vermächtnis lässt den christlichen Glutkern seiner Spiritualität deutlich hervortreten. Dabei war seine Religiosität keine weltfremde, geschweige denn eine weltfeindliche, im Gegenteil, er wusste sich an diese Welt verwiesen, in ihr erblickte er sein Handlungsfeld. Er wollte sich ihr nicht entziehen, das zeigt sein politisches Engagement, seine Bemühungen um Frieden. So formulierte er seine Haltung mit den Worten: »Der Weg zur Heilung geht in unserer Zeit notwendig über das Handeln.«

Er hat sich nicht der politischen Verantwortung entzogen, im Gegenteil, er ging ganz in ihr auf. Hier begegnet uns ein neuzeitliches Verständnis von Mystik, die in der Vergangenheit fälschlicherweise als Weltflucht, als Weltverneinung verstanden wurde. Heute sprechen wir von der Mystik der geöffneten Augen und Ohren. Der echte Mystiker fühlt sich dieser Welt verantwortlich, hier sucht er den tiefsten Grund der Wirklichkeit. Daher konnte Roger Schutz, der Gründer der ökumenischen Bruderschaft von Taizé, formulieren: »Kampf und Kontemplation«; andere sagen: Mystik und Politik. Der in Gott eingewurzelte Mensch kann seine Augen nicht vor den Problemen und Abgründen dieser Welt verschließen, er fühlt sich verantwortlich für diejenigen, die keine Stimme haben, die am Rande der Gesellschaft leben müssen. Ihnen will er seine Stimme leihen, für ihre Rechte möchte er eintreten. Nicht ohne Grund hat Jesus gesagt: »Was ihr für einen meiner geringsten Brüder getan habt, das habt ihr mir getan« (Mt 25,40). Das war auch die Richtschnur für das politische Engagement von Dag Hammarskjöld, und insofern war er ein moderner Mystiker, der nicht die Welt Welt sein ließ, um sich ganz der Betrachtung der himmlischen Dinge zu widmen. In den Geschundenen, nach Frieden und Gerechtigkeit sich Sehnenden erblickte er seinen Gott. Auf diese Weise hat er ihm gedient.

Die Erinnerung an den zweiten Generalsekretär der Vereinten Nationen ist auf Grund des großen Zeitunterschiedes weitgehend verblasst, aber das literarische Zeugnis von seinem Ringen um seine Berufung ist auch heute noch für uns aktuell und faszinierend. Gerade in der Gegenwart, wo die Suche nach Gott immer mehr dahinschwindet, wo Gott ein Fremder in unserem Lande geworden ist, können seine Tagebuchnotizen für den einen oder anderen zum Anstoß werden, sich dieser zentralen Frage unseres menschlichen Lebens neu zuzuwenden.

In der Friedenskapelle des Domes zu Uppsala befindet sich ein im Boden eingelassener Gedenkstein an Dag Hammarskjöld mit einer Inschrift, die seinem Tagebuch entnommen ist: »Nicht ich, sondern Gott in mir«.

Vertiefende Literatur:

D. Hammarskjöld, Zeichen am Weg, München / Zürich 1965

Hildegard von Bingen (1098–1179)

Mystikerin und erste Naturforscherin

Frauen haben in der mittelalterlichen Kirche ein Randdasein geführt, die Männerkirche misstraute ihnen. Man sprach ihnen die Fähigkeit zu einem kontemplativen Gebet ab, an eine wissenschaftliche theologische Ausbildung von Frauen war nicht zu denken. Selbst ein so großer Theologe wie der heilige Thomas hatte ernsthaft die Frage aufgeworfen, ob Frauen überhaupt eine unsterbliche Seele hätten! Die große Teresa hat unter dieser Diffamierung gelitten, mehrmals wurde sie vor das Inquisitionstribunal zitiert. Der päpstliche Nuntius Filippo Sega (1537–1596) nannte sie »ein unruhiges, herumvagabundierendes, ungehorsames und verstocktes Weibsbild, das unter dem Vorwand von Frömmigkeit falsche Lehren erfand«. Wer kennt heute noch den Namen dieses Nuntius außer Kirchenhistoriker? Dabei war es doch eine Frau, der als Erster der Auferstandene erschienen ist, Maria Magdalena, »die Apostelin der Apostel«, wie sie später genannt wurde. Die Frauen haben personell und materiell die Missionstätigkeit der jungen Kirche unterstützt. Und Paulus betont: »Es gibt nicht mehr Juden und Griechen, nicht Sklaven und Freie, nicht Mann und Frau; denn ihr alle seid ›einer‹ in Christus Jesus« (Gal 3,28).

Die bis heute ungelöste Frauenfrage in der katholischen (und orthodoxen) Kirche hängt wie ein Damoklesschwert über dem Haupt der Kirche. Man hat ihr diesbezüglich Verletzung der Menschenrechte vorgeworfen. Und die Forderung nach mehr Vollmachten für Frauen in der Kirche, die von den Verantwortlichen immer wieder erhoben wird, erweist sich als Lippenbekenntnis; denn es sind daraufhin keine Taten erfolgt. Umso erstaunlicher und bewundernswerter ist es, dass einige mutige, selbstbewusste Frauen, vor allem aus dem Umkreis der Mystikerinnen, sich von diesen Vorurteilen nicht abhalten ließen und ihre Stimme mächtig zu Gehör brachten. Sie wussten sich von Gott dazu berufen und kamen ihrer Berufung nach.

Zu ihnen zählt auch die heilige Hildegard von Bingen, die unerschrocken Bischöfen und Prälaten ihre Meinung sagte, wenn diese ihren kirchlichen Pflichten nicht nachkamen. So nannte sie den Kölner Erzbischof »einen räuberischen Habicht«, er solle nicht mit Drohworten auf seine Mönche einschlagen, sondern die Worte der Barmherzigkeit verwenden. Und dem Bischof von Speyer warf sie seine »fette Natur« vor. Ja den Papst Anastasius IV. wagte sie sogar einen »Gottesverächter« zu nennen, weil er das Böse stillschweigend duldete. Vier Mal zog sie durch die Lande und nahm beschwerliche Reisen auf schlechten, ungeschützten Landstraßen auf sich, um den Ordensleuten, Bischöfen und Priestern Donnerpredigten auf öffentlichen Plätzen zu halten. Das war damals ein gewagtes Unternehmen, weil gerader die Ketzer, wie die Katharer, sich dieser Praktiken bedienten. Aber Hildegard war keine Umstürzlerin, sie wollte der Kirche nur den Weg zur Rückkehr zu ihren Ursprüngen weisen. An den Dogmen und der Hierarchie der Kirche zweifelte sie nicht.

Auf einer Trierer Pfingstpredigt wetterte sie gegen die Verweltlichung und Trägheit des Klerus: »Die Magister und Prälaten haben die Gerechtigkeit Gottes verlassen und schlafen ... Ihr seid Nacht, die Finsternis aushaucht, kein Halt für die Kirche.« Dem Erzbischof von Mainz schrieb sie ins Stammbuch: »O du Asche, warum schämst du dich nicht, dich so hoch zu erheben, da du doch wissen solltest, dass du im Sumpf liegst.« Kühne Worte von einer einfachen Äbtissin vom Rhein, die keine

Angst vor Bischofsthronen verspürte. Sie liebte eine klare, unverschnörkelte Sprache und vermied diplomatisches Geschick. Aber auch dem kirchlichen Fußvolk schmeichelte sie nicht, auch sie seien hohen moralischen Anforderungen unterworfen. Selbst Kaiser Barbarossa verschonte sie in seinem Kampf gegen den Papst nicht mit wütenden Vorwürfen: »Gib acht, dass der höchste König dich nicht zu Boden streckt.«

Eine heftige, folgenreiche Auseinandersetzung mit dem Mainzer Domkapitel überschattete die letzten Jahre der Äbtissin. Was war geschehen? Sie hatte einen aus der Kirche ausgeschlossenen Edelmann auf dem Klosterfriedhof beerdigt, was verboten war, obwohl er sich mit der Kirche vor seinem Tode ausgesöhnt hatte. Damit zog sich der Konvent die Strafe des Interdikts zu, was zur Folge hatte, dass die Nonnen auf den feierlichen Chorgesang und den Empfang der Kommunion verzichten mussten. Erst kurz vor ihrem Tod wurde mit Hilfe des Papstes das Interdikt aufgehoben und die Glocken des Klosters durften wieder läuten. Auch hier zeigte sich die Äbtissin vom Rupertsberg als kämpferisch und durchsetzungsstark. Sie stellte die Barmherzigkeit über die Befolgung des Gesetzes, ganz im Sinne unseres gegenwärtigen Papstes.

Noch 800 Jahre nach ihrem Tod in hohem Alter übt Hildegard, die erst 2012 offiziell heiliggesprochen wurde, eine große Faszination auf den modernen Menschen aus. Selbst die Musikwissenschaftler haben Hildegard als Komponistin entdeckt, einige ihrer Werke wurden mit großem Beifall des Publikums aufgeführt. Moderne Komponisten beziehen sich in ihren Werken auf die vielseitig begabte Äbtissin, die eine Handvoll Berufe ausübte, die sie weitgehend autodidaktisch erlernt hat. Aber die stärkste Wirkung geht von ihrer Naturkunde aus, die sie in ihrem Hauptwerk »Wisse die Wege« niedergelegt hat. 1970 wurde der Ausdruck »Hildegard-Medizin« als Marketing-Begriff eingeführt. Die ökologische Bewegung hat sie zu ihrer Ikone erklärt; das kommt schon in ihrem Namen »Die Grünen« zum Ausdruck. Denn damit nehmen sie Bezug auf Hildegards Begriff der »Grünkraft«, der ein Hauptgedanke ihrer Heilkunst ist. Diese Kraft ist überall in der Schöpfung am Werk, in allen Lebewesen bis hin zur Zeugungskraft des Menschen. Allerdings blendet die ökologische politische Bewegung den religiös-theologischen Kontext ihrer heilkundigen Überlegungen aus. Für Hildegard ist dagegen die Natur mehr als bloße belebte Materie, nämlich Gottes gute Schöpfung. So schreibt sie: »Hat doch der Schöpfer Sein Geschöpf, so wie Er es schuf, dadurch geschmückt, dass Er ihm Seine große Liebe schenkte. So war alles Gehorchen der Kreatur nur ein Verlangen nach dem Kuss des Schöpfers, da Gott ihr alles schenkte, was sie brauchte.«

Im gleichen Sinne schreibt Papst Franziskus in seiner Umwelt-Enzyklika: »Von der Schöpfung zu sprechen ist für die jüdisch-christliche Überlieferung mehr als von Natur zu sprechen, denn es hat mit einem Plan der Liebe Gottes zu tun, wo jedes Geschöpf einen Wert und eine Bedeutung hat« (Laudato si', Nr. 76). Diesen Gedanken sucht man vergeblich bei der Mehrheit der Grünen. Für Hildegard besteht eine enge Beziehung zwischen der Schöpfung und Christus: »Daher sind alle Geschöpfe ein Hinweis auf Ihn, so wie eine Münze das Bild des Herrn zeigt. Gott hatte die Welt erschaffen, die Er bereiten wollte als eine Heimat für den Menschen. Weil Er die Menschheit anziehen wollte, machte Er den Menschen zu Seinem Bild und Gleichnis.«

Hildegard geht in ihren Ausführungen weit über die übliche Theologie hinaus, welche die Erlösung auf den Menschen beschränkt, indem sie auch den gesamten Kosmos miteinbezieht in ihre Visionen. Für sie besteht ein Aufeinanderangewiesensein aller Kreaturen, auch der nichtmenschlichen. »Alles, was in der Ordnung Gottes steht, antwortet einander.« Einem in Todesnot befindlichen Menschen rät sie, wenn er keinen Priester erreichen könne, solle er irgendeinem Menschen seine Schuld bekennen. Und wenn sich kein Mensch in der Nähe befindet, dann solle er »den Elementen beichten«, die Zeugen seiner Sünden und mit dem Schöpfer verbunden sind. Erstaunliche Einsichten, die uns in der Neuzeit erst wieder bei dem französischen Jesuiten Pierre Teilhard de Chardin begegnen, der eine Hymne an die Materie verfasst hat. Das ganze Universum ist für Hildegard durchscheinend auf Gott hin. So kann sie schreiben: »Und das Feuer hat die Flamme und ist Lob für Gott. Und der Wind bewegt die Flamme und ist Lob für Gott. Und in der Stimme ist das Wort, und sie ist Lob für Gott. Und das Wort wird gehört und ist Lob für Gott. Daher ist die ganze Schöpfung Lobpreis Gottes.«

Für Hildegard steht der Mensch im Mittelpunkt der Schöpfung. »Der Mensch ist mehr als alle Geschöpfe«, sagt sie. Aber er darf die Erde nicht ausbeuten und zerstören, wozu wir heute geneigt sind. Er soll ein sorgsamer Verwalter der Schöpfung sein, soll sie hegen und pflegen. »So trete er nach den Vorschriften des Meisters auf, dass er die Erde pflege, ohne doch das Himmlische zu vernachlässigen.« Welch eine gewaltige Vision, die Hildegard von Gott eingegeben wurde; dagegen sind die Spekulationen der damaligen scholastischen Schultheologen dürres Stroh. Sie hatte sich anfangs geweigert, all das niederzuschreiben, was sie geschaut hatte. Aber auf den ausdrücklichen Befehl des Papstes hat sie in zehnjähriger mühseliger Arbeit ihre Visionen schriftlich festgehalten. Sie hat sich selbst aber nur als »ein schwacher Posaunenton des Lebendigen Lichtes« empfunden. »Er aber, der ohne Minderung groß ist, hat jetzt ein kleines

Zelt berührt, damit es Wunder schaue.« Ihr ist jeder Rigorismus und jegliches Gesetzesdenken fern wie auch dem Mönchsvater Benedikt; vielmehr ist sie Realistin und weiß, was man dem Menschen zumuten darf. Sie lässt sich von der Barmherzigkeit leiten, wie es auch Jesus getan hat.

Wir stehen bewundernd vor dem gewaltigen schriftstellerischen Werk der Äbtissin von Rüdesheim, das an Originalität nicht zu überbieten ist. Das soll aber nun nicht heißen, dass es nicht auch Schwachstellen in den Ansichten Hildegards gibt. Befremden muss uns ihr Adelsdünkel – sie selbst entstammt einem adligen Geschlecht –, der so weit ging, dass sie in ihr Kloster auf dem Rupertsberg nur adlige Damen aufnahm. Nichtadlige Nonnen wurden im gegenüberliegenden Kloster in Eibingen untergebracht. Für das Judentum hatte sie keine besondere Sympathie, auch wenn sie in den Juden keine Gottesmörder erblickte. Aber der christliche Glaube erschien ihr dem jüdischen Erbe gegenüber als höherwertig. Ihre mangelnden Lateinkenntnisse zwangen sie, Schreiber und Übersetzer zu engagieren, die dieses Defizit ausgleichen sollten.

Die Kirche hat erst spät, erst in der Neuzeit, ihre hohe Bedeutung anerkannt. So hat Papst Benedikt sie 2012 zur Kirchenlehrerin erhoben, eine Auszeichnung, die Frauen selten zuteilgeworden ist. Sie ist auch die Patronin der Naturwissenschaft, verdankt diese ihr doch das erste deutsche Buch über die Naturkunde.

Vertiefende Literatur:

Chr. Feldmann, Hildegard von Bingen. Nonne und Genie, Freiburg 2012

Franz Jägerstätter (1907–1943)

Landwirt – Kriegsdienstverweigerer – Märtyrer

Zum Verhältnis des Christen zum Staat bzw. zur staatlichen Obrigkeit hat der Völkerapostel Paulus Aussagen gemacht, die bis heute folgenschwere Konsequenzen nach sich gezogen haben. Sie finden sich im 13. Kapitel des Römerbriefes und lauten: »Jeder leiste den Trägern der staatlichen Gewalt den schuldigen Gehorsam. Denn es gibt keine staatliche Gewalt, die nicht von Gott stammt; jede ist von Gott eingesetzt. Wer sich daher der staatlichen Gewalt widersetzt, stellt sich gegen die Ordnung Gottes, und wer sich ihm entgegenstellt, wird dem Gericht verfallen« (Röm 13,1f.). Daneben gibt es in der Geheimen Offenbarung den Vergleich des (römischen) Staates mit dem Tier, das aus dem Meer steigt, und vor dem fast alle Menschen sich niederbeugen. Nur wenige Menschen halten dem Gekreuzigten die Treue und nehmen das Martyrium auf sich (Offb 13,1ff.).

Diese negative Sichtweise des Staates in der Offenbarung des Johannes hat sich in der Christentumsgeschichte nicht durchgesetzt. Die Kirchen haben sich vielmehr am Pauluswort orientiert und sich so in die Abhängigkeit des Staates begeben, egal von welcher Qualität dieser Staat war, ob er dem Recht gedient oder es zu seinen Nutzen ausgelegt und gebrochen hat. Solange die Christenheit noch vom kaiserlichen Staat erbittert bekämpft wurde, galt die Aussage: »Man muss Gott mehr gehorchen als den Menschen.« Und dafür sind die ersten Christen auch in den Tod gegangen. Seitdem das Christentum aber zur Staatsreligion erklärt wurde und die Priester und Bischöfe den Rang eines Staatsbeamten bekleideten, war der Widerstand gegen den Staat aufgegeben worden. Jetzt erwies man der staatlichen Obrigkeit Gehorsam und erkannte ihre Autorität an.

Diese Haltung gegenüber dem Staat haben alle großen Kirchen eingenommen, alle haben eine enge Bindung an den Staat gesucht. Martin Luther hat an die Stelle der Bischöfe den Landesherrn als obersten Bischof eingesetzt, und diese Regelung galt bis zur Abdankung des letzten Kaisers in Deutschland. Die orthodoxe Kirche hat von Anfang an den engen Schulterschluss mit dem Staat gesucht. Daran hat der Zusammenbruch der stalinistischen Herrschaft in Russland bis heute nichts geändert. Die katholische Kirche hat eine Zusammenarbeit mit dem nationalsozialistischen Regime gesucht und diese in Gestalt eines Konkordates rechtlich abzusichern versucht. Der Bischof von Osnabrück, Wilhelm Berning, war als Vertreter des Episkopates im Dritten Reich sogar Staatsrat. Gleichwohl hat dies die Nazis nicht daran gehindert, die Kirche zu verfolgen und zu unterdrücken.

Wie verhängnisvoll diese Unterwürfigkeit gegenüber dem Staat sich im Dritten Reich ausgewirkt hat, zeigt das Beispiel des österreichischen Landwirts Franz Jägerstätter, der aus Gewissensgründen den Wehrdienst in Hitlers Armee ablehnte. Neben der Arbeit in der Landwirtschaft hatte er auch noch das Amt des Küsters (Messners) in seiner Heimatpfarrei in der Diözese Linz übernommen. Er führte eine glückliche Ehe, aus der drei Töchter hervorgegangen sind. Rückblickend gestand er: »Ich habe mir nie vorstellen können, dass Verheiratetsein so schön sein kann.«

Im Januar 1938 sah er im Traum einen Zug, in den immer mehr Menschen einstiegen, und hörte eine Stimme sagen: »Dieser Zug fährt in die Hölle.« Er deutete diesen Traum als Warnung vor der Gefahr des Nationalsozialismus und erblickte darin einen unversöhnlichen Gegensatz zwischen Katholizismus und Nationalsozialismus. Von da an datiert seine Gegnerschaft zum Nationalsozialismus. Als 1938 Österreich an das Deutsche Reich angeschlossen wurde, bot man ihm das Amt des Bürgermeisters in seiner Gemeinde Radegung an, doch er lehnte das Angebot ab. Er wollte nicht auf diese Weise den Nationalsozialisten dienen. Bei der Volksabstimmung über den sog. Anschluss an Deutschland war er der Einzige im Dorf, der mit Nein gestimmt hatte. Doch seine Stimme wurde einfach nicht mitgezählt. Diesen Tag bezeichnete er später als den »Gründonnerstag Österreichs« – denn »dort ließ sich die Kirche Österreichs gefangen nehmen.«

Als er 1940 zum Wehrdienst einberufen wurde, leistete er dem Befehl noch Folge mit der Begründung, er habe es zu diesem Zeitpunkt als Sünde angesehen, »den Befehlen des Staates nicht zu gehorchen«, und legte den Fahneneid auf Hitler ab. Wir sehen, die Mahnung des heiligen Paulus hat hier anfangs noch Früchte getragen. Von seiner Heimatgemeinde wurde er als »unabkömmlich« eingestuft und konnte zu seiner Familie heimkehren. Als er zum zweiten Mal zu den Waffen gerufen wurde, überwogen jedoch die Bedenken. Er besprach sich mit seiner Familie, mit befreundeten Priestern und schließlich mit dem Bischof von Linz. Ihn fragte er: »Welcher Katholik getraut sich, diese Raubzüge, die Deutschland schon in mehreren Ländern unternommen hat und noch immer weiterführt, für einen gerechten und heiligen Krieg zu erklären?« Der Bischof verwies ihn u. a. auf seine Verantwortung als Familienvater. Es sei nicht seine Sache, zu entscheiden, ob der Krieg gerecht oder ungerecht sei. Jägerstätter kam sehr traurig aus dieser Audienz heraus und meinte: »Sie trauen sich nicht, sonst kommen's selber dran.« Alle aus seinem Bekanntenkreis hatten ihm abgeraten, sich dem Wehrdienst zu verweigern; einzig seine Frau hielt bis zuletzt zu ihm.

Als er sich bei seiner Stammkolonie meldete, sagte er sogleich, »dass er auf Grund seiner religiösen Einstellung den Wehrdienst mit der Waffe ablehne, dass er gegen sein religiöses Gewissen handeln würde, wenn er für den nationalsozialistischen Staat kämpfen würde. ... Er könne nicht gleichzeitig Nationalsozialist und Katholik sein. ... Es gebe Dinge, wo man Gott mehr gehorchen müsse als den Menschen: auf Grund des Gebotes: ›Du sollst deinen Nächsten lieben wie dich selbst‹ dürfe er nicht mit der Waffe kämpfen. Er sei jedoch bereit, als Sanitätssoldat Dienst zu leisten.« Auf Grund dieser Erklärung wurde er sofort verhaftet und schließlich in das Gefängnis Berlin-Tegel verlegt.

Am 6. Juli 1943 wird Franz wegen »Wehrkraftzersetzung« bei Verlust der »Wehrwürdigkeit« und der bürgerlichen Ehrenrechte zum Tode verurteilt. In einem seiner letzten Briefe aus der Todeszelle schreibt er an seine Töchter: »Gott der Herr, er möge uns allen in der letzten Stunde zu Hilfe kommen. Sorget euch nicht so ängstlich ums Irdische, der Herr weiß ja das, was wir brauchen, solange wir als Pilger auf dieser Welt sind.« In diesen letzten Wochen vor seiner Hinrichtung sind ihm die Eucharistie, die Bibel und ein Bild seiner Kinder Halt und Trost. Nach seiner Hinrichtung erhielt die Witwe die Nachricht, dass Franz tot sei und ihm die bürgerlichen Ehrenrechte aberkannt worden seien.

Die beiden Seelsorger, die ihn im Gefängnis betreut und begleitet haben, sahen in ihm einen Heiligen und Märtyrer. Aber es sollte noch lange dauern, bis dieser Eindruck sich auch in der Heimat verbreitete. Zunächst distanzierten sich die Bewohner seines Heimatdorfes von seiner Frau und seinen Kindern. Sie wurden geschnitten. Bei der Ernte verweigerten sie der Witwe

Hilfestellung, so dass die Verwandten einspringen mussten. Die Töchter hörten aus dem Munde der Nachbarn: Ihr armen Mädchen, euer Vater hat euch alleingelassen, weil er an sich dachte, statt für seine Familie Verantwortung zu übernehmen. In der Schule wurden sie von den Lehrern besonders streng behandelt und schlecht benotet. Erst 1950 erhielt Franziska Jägerstätter die beantragte Witwenrente. Der Kampf ihres Mannes gegen den Nationalsozialismus wurde jedoch nicht als Widerstand im Sinne des Opferfürsorgegesetzes anerkannt.

Erst 54 Jahre nach seiner Hinrichtung wird vom Landgericht Berlin das Todesurteil gegen Jägerstätter aufgehoben. Gottes Mühlen mahlen manchmal sehr langsam. Noch beschämender ist das Verhalten der kirchlichen Obrigkeit, ein einziges Trauerspiel. Vielleicht drückt sich darin aber auch das schlechte Gewissen aus, dass sie seinen Einsatz für die gerechte Sache nicht verstanden hatte. Der Bischof von Linz, den er wegen seines Widerstandes gegen den Nationalsozialismus aufgesucht hatte, erklärte noch nach dem Zusammenbruch des braunen Regimes: »Jägerstätter ist ein besonderer Fall, der mehr zu bewundern als nachzuahmen ist. ... Ich halte jene idealen katholischen Jungen und Theologen und Priester und Väter für die größeren Helden, die in besonderer Pflichterfüllung und in der tiefgläubigen Auffassung, den Willen Gottes an ihrem Platz zu erfüllen, wie einst christliche Soldaten im Heer des heidnischen Imperators gekämpft haben und gefallen sind. ... Für die Pädagogik an den Menschen sind die Beispiele der Helden, die aus eindeutig richtigem Gewissen konsequent gehandelt haben, die besseren Vorbilder.« Hier lässt Paulus grüßen. Verblendeter als dieser Bischof kann man nicht sein, da nützt auch die Berufung auf den Heiligen Geist nicht weiter; denn dieser setzt das gesunde Urteil nicht außer Kraft.

Erst spät hat sich die Kirche zur Rehabilitierung Jägerstätters durchgerungen. Vorreiter für die Neueinschätzung seines Martyriums waren die USA, vor allem die Biographie des amerikanischen Soziologen Gordon C. Zahn über Jägerstätter mit dem bezeichnenden Titel: »Er folgte seinem Gewissen. Das einsame Zeugnis des Franz Jägerstätter«. Damit hatte er genau das zentrale Motiv im Kampf Jägerstätters gegen das braune Gift benannt. In den USA war er der bekannteste Gegner des Hitler-Regimes. Der amerikanische Trappist und Buchautor Thomas Merton verglich Jägerstätter mit Pater Alfred Delp, der auch im Kampf gegen Hitler hingerichtet worden ist. Andere haben ihn mit dem englischen Lordkanzler unter Heinrich VIII., Thomas More, verglichen, der ebenfalls den Gehorsam gegenüber seinem Gewissen über die Sorge für die eigene Familie gestellt hatte.

1997 wird offiziell der Seligsprechungsprozess für Franz Jägerstätter eröffnet, der 2001 auf diözesaner Ebene abgeschlossen ist. Die bischöflichen Postulatoren stellen fest: »Die Kirche anerkennt ausdrücklich die Haltung dieses gläubigen Mannes, der sehr wohl auch uns Heutigen etwas zu sagen hat. … Er ist ein Prophet mit einem Weitblick und Durchblick, wie ihn die wenigsten seiner Zeitgenossen hatten. Er ist Vorbild in der Treue zum Gewissensspruch, Anwalt der Gewaltlosigkeit und des Friedens, Warner vor Ideologien, er ist ein gläubiger Mensch, dem Gott wirklich Mitte und Zentrum des Lebens war. Aus einem gebildeten und reifen Gewissen heraus hat er ein entschiedenes Nein zum Nationalsozialismus gesagt …« Einer der beiden Postulatoren war der damalige Bischof von Linz, also ein Nachfolger des umstrittenen Bischofs zu Zeiten von Franz Jägerstätter, der sich nicht deutlicher von seinem Vorgänger und dessen unqualifizierten Aussagen hätte distanzieren können.

Im Vorfeld dieser Bemühungen von kirchlicher Seite kam es in seinem Heimatdorf noch zu einer kontroversen Diskussion. Einige Dorfbewohner drohten mit dem Kirchenaustritt, sollte es zu einer Seligsprechung kommen. Doch ungeachtet dieses Störfeuers wurde Franz Jägerstätter am 26. Oktober, am Nationalfeiertag in Österreich, im Dom zu Linz seliggesprochen. An dieser Feier konnte die hochbetagte Witwe mit ihren Kindern tiefbewegt teilnehmen. Sie übergab dabei eine Reliquie aus der Urne ihres Mannes. Auch sie hatte Anteil an seinem Werdegang, was die beiden Postulatoren auch gebührend hervorgehoben haben: »Das Gedenken an Franz Jägerstätter steht in einem mehrfachen Beziehungsrahmen zu seiner Frau, zu seinen Kindern und zu seiner Familie ...«

Lange hat der Lernprozess der Kirche gedauert, bis sie sich aus der unkritischen und pauschalen Aneignung der paulinischen Aussage über den Gehorsam gegenüber dem Staat befreit hat. Einen Beitrag dazu hat der österreichische Landwirt und Küster Franz Jägerstätter geleistet. Dafür sind wir ihm Dank und Anerkennung schuldig.

Vertiefende Literatur:

G. C. Zahn, Er folgte seinem Gewissen. Das einsame Zeugnis des Franz Jägerstätter, Graz 1988

Maximilian Kolbe (1894–1941)

Märtyrer

An einem der letzten Julitage des Jahres 1941 heult in Auschwitz die Lagersirene. Ein Häftling war geflohen und nicht wiedergefunden worden. Beim Abendappell ergeht an die Blöcke 14a und 17 kein Kommando zum Wegtreten. Der stellvertretende Lagerkommandant eröffnet den Häftlingen, dass aus ihren Reihen wegen der Flucht ihres Kameraden zehn in den sog. Hungerbunker müssen, wo sie der sichere Tod erwartet. Am Abend bleiben sie ohne Verpflegung. Am nächsten Tag nach dem Morgenappell rücken die anderen Blocks zur Arbeit aus, die Blöcke 14a und 17 müssen den ganzen Tag über in der heißen Julisonne stehen. Nach dem Abendappell benennt der Kommandant willkürlich die zehn Opfer. Er ist bereits an dem Franziskanerpater Maximilian Kolbe vorbei und zeigt auf Franciszek Gajowniczek. Dieser jammert, er habe Frau und Kinder zu Hause. Da tritt Pater Kolbe vor, wendet sich an den Lagerführer und bittet, anstelle dieses Mannes sterben zu dürfen. Auf die Frage nach dem Grund dieser Bitte antwortet Kolbe, er sei katholischer Priester und habe keine Angehörigen. Der Lagerführer ist mit diesem Tausch einverstanden. Der Familienvater darf ins Glied zurücktreten.

Pater Kolbe wird mit den anderen neun Häftlingen abgeführt. Im Todesbunker bleiben sie ohne Nahrung und Wasser. Aus dem Todesbunker hört man keine Klagen und Seufzer. Stattdessen hört man Gebete und geistliche Lieder. Nach 14 Tagen ist nur noch Kolbe am Leben. Man gibt ihm, dem letzten Überlebenden, die Todesspritze. Der Familienvater, der sein Leben

Kolbe verdankt, übersteht das KZ und stirbt mit 94 Jahren daheim.

Vor diesem makabren Hintergrund drängt sich die Frage auf: Aus welchen Quellen schöpfte der Franziskanerminorit Maximilian Kolbe Kraft für sein heroisches Martyrium, den stellvertretenden Opfertod für einen Familienvater? Zur Beantwortung dieser Frage müssen wir uns kurz mit seinem Werdegang beschäftigen. Kolbe wurde in der Nähe von Lodz geboren, sein Vater war ein Deutscher, seine Mutter eine Polin. Mit 17 Jahren hatte er eine Marienerscheinung, die ihn dazu bewogen hat, in einen Orden einzutreten. Er wählte die Franziskanerminoriten wegen des Armutsideals ihres Gründers, des heiligen Franziskus. Er studierte in Rom, schloss das Studium mit der Promotion in Theologie ab.

In dieser Zeit gründete er mit Ordensbrüdern die »Miliz der Unbefleckten Mutter«, gemeint war damit Maria, die Mutter Jesu. Diese Miliz setzte sich das Ziel, die Kirche gegen die echten und vermeintlichen Feinde des christlichen Glaubens zu verteidigen. Sie widmete sich besonders der Pressearbeit und war durch eine starke Marienverehrung gekennzeichnet. Noch heute ist diese Miliz über die ganze Welt verbreitet. Nach seiner Heimkehr nach Polen gründete Kolbe zunächst gegen den Willen der Ordensleitung in Niepokalanów in der Nähe von Warschau ein Kloster mit einem Pressehaus und einer eigenen Druckerei. Er nannte dieses Kloster »die Stadt der Unbefleckten«. Ihm gehörten zeitweilig 700 Franziskaner an. (Das katholische Pressehaus von Niepokalanów besteht heute noch.) Damit war aber Pater Kolbes Tatendrang noch nicht gestillt. Mit einigen seiner Mitbrüder reiste er nach Japan; wo er in der Nähe von Nagasaki ein weiteres Kloster errichtete. Nach seiner Rückkehr aus Japan begann der Einmarsch der deutschen Truppen in

Polen. Sehr bald schon geriet er ins Visier der Besatzungsmacht, die sich zum Ziel gesetzt hatte, die gesamte polnische intellektuelle Elite zu eliminieren; dazu zählten auch die Priester und Bischöfe. Und auch Kolbe wurde ein Opfer dieses Vernichtungsfeldzuges, denn er hatte in seinem Kloster jüdischen Flüchtlingen Unterschlupf gewährt. Kolbe wurde in das KZ Auschwitz eingeliefert, wo er als Priester seelsorglich wirkte bis zu dem Tag, da er sich für den Familienvater geopfert hat.

Aus dieser Biographie ergeben sich schon Hinweise auf die Quellen, aus denen Kolbe Kraft für seinen Dienst an Gott und den Menschen schöpfte. Er war ein treuer Sohn seiner Kirche und ihrer Lehre, für die er warb und die er in seinen Schriften verteidigte. Dafür bediente er sich der damals modernen Kommunikationsmittel, z. B. des Radios und der Zeitschriften, die er in seinem eigenen Verlag herausgab. Auf Grund dieser Tätigkeit wurde er übrigens nach seinem Tod zum Patron der Journalisten und Funkamateure ernannt. Eine zweite Kraftquelle war seine gelegentlich überschäumende, glühende Marienverehrung. Seit seinem 17. Lebensjahr stand die Immaculata im Zentrum seiner Frömmigkeit. Manchmal gewinnt man den Eindruck, dass sie für ihn größere Bedeutung als die Nachfolge Jesu erlangt hat. Ein protestantischer Gläubiger wird damit seine Schwierigkeiten haben. Für ihn ist die unbefleckt Empfangene »das vollkommenste und erhabenste Werk Gottes, sie ist der treue Spiegel göttlicher Vollkommenheit und Heiligkeit«. In ihr erreicht die Schöpfung »den Gipfel der Vollkommenheit«. Keineswegs will er damit die zentrale Stellung Jesu Christi im Heilsplan Gottes leugnen, aber für ihn müssen alle Bitten den Weg über die Immaculata gehen. Hier werden ihm wohl nicht einmal alle Katholiken folgen können, sie müssen es auch nicht. Aber es ist bezeichnend für seine Spiritualität, dass er im »Hungerbunker«

mit den anderen Häftlingen vor allem Marienhymnen gesungen hat. Für seine Nachfolge Jesu war ihm auch die Mission ein Herzensanliegen. Das kommt unter anderem in seiner apostolischen Tätigkeit in Japan zum Ausdruck.

Bei aller Bewunderung für sein Lebenswerk und für sein Martyrium darf nicht verschwiegen werden, dass er gegenüber den Juden feindlich eingestellt war. Darin erwies er sich als Kind seiner Zeit und seiner Herkunft. In Polen war zu seiner Zeit der Antisemitismus weit verbreitet. Noch 1946 wurden in Kielce 42 überlebende Juden von empörten Polen ermordet. In den von Kolbe herausgegebenen Massenblättern konnte man seine Ansicht lesen, dass Polen das »biologische Hauptreservoir« des Weltjudentums sei, »das sich wie ein Krebsgeschwür in den Volkskörper« fresse. Daher müssten die Juden emigrieren. Derartige Worte hätten auch dem Sprachreservoir der Nazis entnommen sein können. Diese Einstellung hat ihn aber nicht daran gehindert, während der Okkupation Polens durch die Deutschen in der »Stadt der Unbefleckten« 2.300 Juden Unterschlupf zu gewähren.

Maximilian Kolbe war beseelt von dem Drang nach Heiligkeit. Immer wieder greift er in seinen Publikationen dieses Thema auf. Darin heißt es: »Erst Christus der Herr zeigte der Menschheit, als er auf die Erde kam, mit seinem eigenen Beispiel und mit seinem Wort den Weg zur wahren Heiligkeit. Ihr Wesen ist die Gottesliebe bis zum Heroismus ...« Und an einer anderen Stelle heißt es: »Die Erfüllung des Willens Gottes ist Liebe, und Liebe ist das Wesen der Heiligkeit. Nicht Abtötung, nicht Gebet, nicht Arbeit, nicht Beschaulichkeit – nur Gehorsam ist Verdienst, ist Wesen der Heiligkeit.« Als der Lagerarzt Kolbe durch die Injektion einer Giftspritze töten wollte, soll der Pater ihm in die Augen geschaut und gesagt haben: »Sie haben vom Leben nichts verstanden. Der Hass nützt nichts. Nur die Liebe schafft.«

Er sollte Recht behalten. 73 Jahre nach dieser Tat erinnert sich keiner mehr der Henker. Dagegen strahlt der Stern, der in Auschwitz über Maximilian Kolbe aufgegangen ist, weiterhin und zieht Menschen in seinen Bann. Sein Streben nach Heiligkeit ist in Erfüllung gegangen. Und so überraschte es nicht, dass Papst Johannes Paul II. seinen Landsmann 1982 heiliggesprochen hat. Bei dieser feierlichen Zeremonie war auch der Familienvater zugegen, für den Kolbe sein Leben hingegeben hat. Welche Gefühle mögen ihn bewegt haben?

Vertiefende Literatur:

A. Frossard, Maximilian Kolbe. Vergesst die Liebe nicht, Illertissen 2015

Johannes vom Kreuz (1542–1591)

Mystiker und Dichter

Von dem spanischen Mystiker Johannes vom Kreuz, der im 16. Jahrhundert gelebt hat, stammt ein Gedicht, das uns auf den ersten Blick ein wenig verwirrt; denn hier wird in einer bildreichen Sprache, angelehnt an das alttestamentliche Buch der Weisheit, über das Liebesverhältnis zwischen Mensch und Gott gesprochen. Es lautet:

Entflammt von Liebesqualen, als schwarz die Nacht einst webte,
o Glück, das ich erlebte!, ging unbemerkt ich aus,
als Ruhe schon befriedete mein Haus …
O seligste der Nächte! Verborgen, sah mich keiner;
mein Führer war nur Einer, ein Licht, durch das ich sah:
des Herzens Flamme wies mir, was geschah.
Sie führte mich gewisser denn Mittagssonnenfeuer
zur Stätte, wo mein Treuer mein harrete allein.
In diese Stätte drang kein andrer ein.
O Nacht, so hold wie immer das Morgenrot erscheinet!
O Nacht, die du vereinet dem Bräutigam die Braut,
die umgewandelt sich in ihm erschaut!

Solch eine sinnenfrohe Sprache vermutet man nicht bei einem Ordensmann, sie würde man eher einem in der Welt Lebenden zutrauen. Noch wundersamer ist der Ort, wo diese Verse niedergeschrieben wurden: In einem kleinen Kerkerloch, wohin man Johannes vom Kreuz verfrachtet hatte. Er war das Opfer von internen Auseinandersetzungen innerhalb des Ordens der

Beschuhten und der Unbeschuhten Karmeliter. Letztere hatten sich von dem Orden der Beschuhten abgespalten, weil ihnen deren Lebensstil zu weltlich – wir würden heute sagen: zu bürgerlich – erschien.

Diese Reformbestrebungen gingen aus von der heiligen Teresa von Ávila, die dem heiligen Johannes vom Kreuz bald nach seiner Priesterweihe begegnet war. Mit 21 Jahren war er bereits in den Karmeliterorden eingetreten. Sie konnte ihn für ihr Vorhaben gewinnen, einen strengeren Orden zu gründen. Denn auch er fühlte sich in diesem alten Orden nicht mehr wohl und spielte mit dem Gedanken, bei den strengeren Kartäusern einzutreten. So kam ihm diese Begegnung sehr gelegen und er verwarf seine Wechselpläne. Hier fanden sich zwei Geistesverwandte zusammen, obwohl Teresa 27 Jahre älter war. Bisher hatte Teresa nur einen weiblichen Zweig ins Leben gerufen, jetzt aber sah sie die Möglichkeit, mit Hilfe des jungen Priesters auch einen männlichen Zweig zu gründen.

Auf dem Höhepunkt der Krise wurde Johannes als Anhänger der Unbeschuhten Karmeliten in einer Nacht- und Nebelaktion entführt und in das Ordensgefängnis des Klosters der Beschuhten Karmeliter in Toledo eingekerkert. Er wurde zwei Mal in der Woche als »hartnäckiger Rebell« vor dem versammelten Konvent ausgepeitscht. Er bekam kaum etwas zu essen, nur Wasser und Brot, und fror in der winterlichen Kälte. Nach neun Monaten gelang ihm die Flucht aus seinem Gefängnis. Und genau in dieser Zeit entstanden seine schönsten Gedichte, in denen er ein Loblied auf die »dunkle Nacht der Seele« anstimmte. Sie gehören heute zu den größten Schätzen der iberischen Lyrik und haben seinen Weltruf als Dichter, aber auch als geistlicher Schriftsteller, begründet. Man stelle sich vor, ein Dichter fühlt sich von der bedrückenden Atmosphäre einer Kerkerzelle inspiriert, so leidenschaftlich seiner Liebe zu Gott Ausdruck zu verleihen. Müsste man nicht eher das Gegenteil erwarten: Protest und Anklage gegen Gott? Wir erblicken hier Parallelen zu christlichen Widerstandskämpfern im Dritten Reich wie Pater Alfred Delp, Dietrich Bonhoeffer oder Nikolaus Groß. Sie haben im Angesicht des Todes mit gefesselten Händen zu einem reifen Glauben gefunden, der uns höchsten Respekt abverlangt.

Mystik hat heute Hochkonjunktur, weil mit ihr besondere Erfahrungen verbunden sind. Die Menschen haben kein Interesse an theologischen Spekulationen oder am Theologenstreit; denn das erscheint ihnen zu abgehoben und lebensfern. Auch vermeidet man heute, die Wahrheitsfrage zu stellen. Sie suchen vielmehr nach Erfahrungen, die lebensnah sind und das Leben bereichern können. Der große Theologe Karl Rahner hat in diesem Sinne gesagt: »Der Fromme von morgen wird ein Mystiker sein, einer, der etwas erfahren hat, oder er wird nicht mehr sein.« Nun gibt es nicht *die* Mystik, sondern verschiedene Gestalten von Mystik. Sie lässt sich auch in anderen Religionen antreffen; im Islam ist es der Sufismus und im Buddhismus der Zen. Die christliche Mystik kreist um den dreifaltigen Gott, der uns in Jesus Christus auf einmalige Weise nahegekommen ist durch den Heiligen Geist. Ihr Ziel ist die Einigung mit diesem Gott, die innigste Verbundenheit mit ihm. Eine Form dieser christlichen Mystik begegnet uns am Ausgang des Mittelalters in dem spanischen Mystiker Johannes vom Kreuz. Dabei bildet das Wort Nacht, Dunkelheit das Schlüsselwort zum Verständnis seines Ansatzes, und fand daher auch Eingang in das zu Beginn vernommene Gedicht.

In einem anderen seiner Gedichte heißt es:

Johannes vom Kreuz (1542–1591)

Ich ward entrückt, doch wusst' ich nicht wohin;
und weilte ohne Wissen und Gedanken
hoch über alles Wissens Schranken.
Ich wusst' nicht, wo ich hingekommen;
denn kaum, dass ich mich dort befand,
hab' hohe Dinge ich vernommen,
noch eh' ich, wo ich war, erkannt.
Ich sage nicht, was ich empfand,
ich weilte ohne Wissen und Gedanken
hoch über alles Wissens Schranken ...
Da stand ich denn so ganz versunken,
so hingegeben und entrückt;
all meine Sinne waren trunken,
besinnungslos, sich selbst entrückt.
Jedoch der Geist ward da beglückt
durch ein Verständnis, ledig der Gedanken,
hoch über alles Wissens Schranken.

Weil die Sinne und der Verstand uns keinen Zugang zur Unbegreiflichkeit und Unverfügbarkeit Gottes verschaffen können, muss der Mystiker davon frei werden, nur die »Nacht« der Sinne und des Geistes vermag das völlige Einswerden mit Gott zu ermöglichen. Auf dem Weg dahin ist der Glaube wichtig, aber noch wichtiger ist für ihn die Liebe, sie ist der Anfang und das Ende der mystischen Wege. Die »Nacht« ergibt sich aus dem Noch-nicht-erkennen-Können des Göttlichen, sie muss ausgehalten werden, um am Ende mit Gott in Liebe vereint zu werden. Dieser Vorgang umfasst verschiedene Phasen: zunächst die »dunkle Nacht der Sinne«, gemeint ist damit das Loslassen der Begierden; sodann die »Nacht des Geistes«, in der sich Gott völlig dem Erkennen entzieht und als das »Nichts« und Nicht-Wissen erscheint, bis er sich dann schließlich in der Morgendämmerung als die Fülle des Seins zu erkennen gibt. Hier kann die Seele sich mit Gott vereinen, die mystische Einigung ereignet sich hier.

Johannes hat das gelebt, was er gelehrt und in Verse gefasst hat. Von ihm werden Wunder, Ekstasen und Levitationen (Erhebungen vom Erdboden) berichtet. Die heilige Teresa etwa schreibt, wie er mitten in einem Gespräch mit ihr über die heilige Dreifaltigkeit in Ekstase geriet: »Es ist unmöglich, mit Johannes vom Kreuz über Gott zu sprechen, ohne dass er sofort in Ekstase fällt und ich mit ihm.« Er war ein begehrter Beichtvater und Seelenführer. Teresa stellte ihn als Beichtvater den Nonnen mit den Worten vor: »Ich bringe euch einen Heiligen als Beichtvater.« Und eine Nonne aus dem Karmel in Segovia berichtet: »Er kannte kein anderes Thema als Gott, und seine Worte trafen und wirkten so, dass sie in den Herzen seiner Zuhörer das Feuer der Gottesliebe entzündeten. Seine Seele schien ständig ins Gebet versenkt zu sein.« Zugleich verfügte er aber auch über große administrative Fähigkeiten, so dass ihm mehrmals das Amt des Priors übertragen wurde, obgleich er sich dagegen gewehrt hatte und sich eigentlich ganz dem geistlichen Leben widmen wollte. So verkörperte er die Einheit von aktivem und kontemplativem Leben – und glich darin der großen Teresa.

Als er mit 49 Jahren im Sterben lag, wollten die Mönche wie üblich die Sterbegebete anstimmen. Er aber bat, sie möchten aus dem Hohelied vorbeten, so wie er einst in seiner dunkelsten Stunde das Brautlied der Liebe angestimmt hatte. In seinem »Geistlichen Gesang« hieß es: »In einem neuen Frühling vernimmt die Braut die süße Stimme des Bräutigams, der lieblichen Nachtigall. So wird ihre Seele im Innersten erfrischt und erneuert, wohl bereitet kann sie dem ewigen Leben entgegen-

gehen, wohin die liebliche Stimme sie süß und beseligend ruft«
(Geistlicher Gesang 39,8). So konnte Johannes seinem himmlischen Bräutigam voller Zuversicht und Freude entgegengehen.

Vertiefende Literatur:

U. Dobhan / R. Körner, Johannes vom Kreuz. Die Biographie, Freiburg 1992

Karl Leisner (1915–1945)

Jugendführer und Märtyrer

Am 12. August 1945 verstarb im Waldsanatorium Planegg bei München der Neupriester Karl Leisner an den Folgen seines fünfeinhalb Jahre dauernden Aufenthaltes im KZ Dachau. Seinem Vater sandte sein Heimatbischof Clemens August Graf von Galen einen Kondolenzbrief. Darin heißt es: »Ich möchte Ihnen meine herzliche Teilnahme aussprechen – oder eigentlich meinen Glückwunsch; denn ich glaube sicher, Sie haben dem Himmel einen Heiligen geschenkt.« 51 Jahre später erhielt diese Feststellung ihre offizielle Bestätigung durch den höchsten Repräsentanten der Kirche, durch Papst Johannes Paul II. Er hat Karl Leisner zusammen mit Domprobst Bernhard Lichtenberg im Olympiastadion in Berlin, wo 60 Jahre zuvor Adolf Hitler das »Tausendjährige Reich« heraufbeschworen hatte, zum Seligen erklärt. Es gab wohl kaum einen aussageträchtigeren Ort für diese Zeremonie.

Was hat ihn inspiriert auf seinem Weg zum Priestertum? Woher nahm dieser Jungpriester den Mut und die Kraft zu seinem Martyrium, das die Kirche durch die Seligsprechung anerkannt hat? Eine erste Spur führt uns zu seinem Elternhaus, das von katholischem Geist geprägt war. Das Gebet, die Teilnahme am Gottesdienst, die Wallfahrten zu Marienheiligtümern, all das strukturierte das familiäre Leben. Seine Eltern waren ihm darin ein Vorbild, er erblickte in ihnen heilige Eltern. Sie lebten ihm den katholischen Glauben selbstverständlich vor. Das erklärt auch, warum in seinen Tagebüchern keine Zweifel an Gottes Existenz, an der Person Jesu Christi, an Maria, der »Trösterin der Betrübten«, wie sie in Kevelaer verehrt wird, auftauchen. Das alles stand für ihn über jedem Zweifel. Auch stand seine Familie treu zum Papsttum, eine Folge des Kulturkampfes in Preußen unter Bismarck.

In damaliger Zeit waren katholische Familien noch fruchtbare Pflanzstätten für den Priester- und Ordensnachwuchs. So trat Karl Leisner zusammen mit 81 Priesteramtskandidaten in das Münsteraner Theologenkonvikt ein. 80 Priesterweihen in einem Jahr waren damals nicht außergewöhnlich. Heute muss sich der Regens des Priesterseminars in Münster schon mit acht oder weniger Kandidaten zufriedengeben. Und deren religiöse Biographie verläuft nicht mehr so zielstrebig und eindeutig wie bei Karl Leisner; meist erst auf Umwegen finden sie den Weg zum Priestertum. Ihm war das große Glück beschieden, dass er auf dem Gymnasium einem geistlichen Religionslehrer begegnet ist, der vom Ideal der Jugendbewegung erfüllt war und diese Begeisterung auf seine Schüler übertragen hat. Er gründete eine Jugendkreuzbundgruppe, in die Karl sogleich eintrat. Diese Zeit in der Jugendarbeit hat ihn für sein ganzes Leben geprägt und mit großer Freude erfüllt. Auf diesem Wege erwachte seine Liebe zur Natur, er schätzte das Gemeinschaftsleben und unternahm mit seiner Gruppe Wanderungen und Reisen, die sie auch ins benachbarte Ausland führten.

Schon früh erkannten seine Vorgesetzten seine Begabung für Führungsaufgaben in der Jungschar und übertrugen ihm Leitungsaufgaben. Sie reichten bis zum Diözesanjungscharführer des Bistums Münster. Er trägt in sein Tagebuch ein: »Deutsche Jungen soll ich führen? Deshalb weg mit allem Missmut, hin zum Vaterland! Das Leben zu opfern, muss ich bereit sein. Katholische Jugend hinzuführen zu deutschem Volk ist meine

Aufgabe!« Schon hier taucht der Opfergedanke auf, der sich durch sein ganzes Leben hindurchzieht.

Sein Glaubensleben zeichnet sich durch eine tiefe Christusliebe und eine innige Marienfrömmigkeit aus. Beides betrachtete er nicht als Gegensatz, sondern als gegenseitige Ergänzung. 1937 trägt er in sein Tagebuch folgendes Bekenntnis ein: »Christus ist meine große Leidenschaft geworden, die Sehnsucht und Kraft meines jungen Kampfes. Er mein Herzog! Er ist mein Mal- und Kennzeichen! Er hat meinen Charakter geprägt, Herr, mit Dir! … Das ist meines Lebens letzter Sinn, Christus zu loben in dieser Zeit.« Er meinte damit die dunkle Zeit der Willkürherrschaft der Nazis, die sehr bald die kirchliche Jugendarbeit verboten haben und in den Untergrund drängten. Zu seiner Christusliebe gesellte sich eine intensive Marienfrömmigkeit, die Karl schon früh durch seine Mutter vermittelt wurde. Jedes ihrer Kinder trug den Namen der Gottesmutter neben anderen Namen. Mit sieben Jahren pilgerte er mit seinen Eltern von Kleve nach Kevelaer. Immer wieder zog es ihn zu diesem Wallfahrtsort im Münsterland. »Wir alle sind noch auf Pilgerschaft, auf dem Weg«, sagte er einmal, »Wallfahrt war ich oft. Zu unserer Lieben Frau und ihren Stätten der Gnade. In Kevelaer … habe ich vor ihrem heiligen Bild gekniet und hab' zu ihr, der himmlischen Mutter gefleht, gesungen, gebetet und aufgeschaut, immer wieder hat sie mir neue Liebe, neue Kraft und neue Freude durch Christus geschenkt.« Bei seiner Berufswahl hat er sich auch der Gottesmutter anvertraut. Während seiner Haft Im KZ erinnert er sich dankbar an seine Wallfahrten zu den Marienheiligtümern.

Während seiner Seminarzeit durchlebte er eine schwere Krise. Er hatte sich im Freisemester in Freiburg in ein Mädchen verliebt, dem sein ganzes Herz gehörte. Er schwankte zwischen

Familie mit Kindern und Ganzhingabe an den Herrn. Schweren Herzens brach er die Verbindung ab und weihte sich ganz dem Priestertum. Im Seminar kam er in Berührung mit der Ostkirche, genauer mit der mit Rom verbundenen griechisch-katholischen Kirche, die auch verheiratete Priester in ihren Reihen hat. Er beneidete die unierten Priester und notiert: »O, wenn der Verzicht auf die irdische Liebe nicht wäre, vor allem auf das eigene Geschlecht, die eigenen Kinder. ... Warum haben wir's nicht wie die Unierten?« Hier rührt er an ein aktuelles Problem in der gegenwärtigen Debatte um den Zölibat. Ist es einsichtig, dass es in der katholischen Kirche einen Ritus gibt, der verheiratete Priester vorsieht, und einen anderen, den römisch-katholischen, der dies nicht erlaubt? Man könnte viel Dampf aus der Zölibatsdiskussion herausnehmen, wenn man die Praxis der unierten Kirche auf die römisch-katholische Kirche übertragen würde. Was steht dem eigentlich entgegen?

Im März 1939 empfing er die Diakonatsweihe, die Priesterweihe war für Weihnachten vorgesehen. In der Zwischenzeit musste er wegen seiner fortgeschrittenen Tuberkulose ein Lungensanatorium im Schwarzwald aufsuchen. In diese Zeit fällt das missglückte Attentat auf Hitler im Münchner Bürgerbräukeller durch Johann Georg Elser. Als er davon erfuhr, lautete sein Kommentar: Schade, dass er selbst nicht dabei gewesen war. Diese Worte wurden ihm zum Verhängnis; denn sie wurden an die Gestapo weitergegeben. Sie schritt sogleich ein und verhaftete Karl. Er landete im Gefängnis und anschließend im KZ in Dachau, wo die meisten katholischen Priester untergebracht wurden. Dort verbrachte er fünfeinhalb Jahre im sog. Priesterblock. Ein Jesuitenpater, mit dem er sich bald anfreundete, schildert den Eindruck, den er von diesem jungen Kleriker gewonnen hatte: »Immer mehr trat in ihm hervor eine feine

Art, das Strahlend-Christliche in seiner Haltung zu verwirklichen … Ich musste immer mehr staunen, wie der starke, strahlende Glaube sich in Karl durchsetzte.«

Die Aussicht auf die Priesterweihe war dahingeschwunden. Seine Mitgefangenen wollten ihm die von ihm so sehnlichst erwünschte Priesterweihe dennoch ermöglichen. Da traf es sich günstig, dass der Bischof von Clermont-Ferrand eingeliefert wurde. Er erklärte sich zur Weihe bereit, ungeachtet des Krieges zwischen den beiden Nationen. Sie wurde unter strenger Geheimhaltung am 17. Dezember 1944 im Beisein von vielen Priestern vollzogen. So ging sein Herzenswunsch doch noch in Erfüllung. Seine Primizmesse feierte er – leider ohne seine Angehörigen – in der Lagerkapelle am zweiten Weihnachtstag, am Fest des heiligen Stephanus, des ersten Märtyrers der Kirche. Es sollte die einzige Messe sein, die er feiern konnte. Er erlebte noch die Befreiung durch die Amerikaner. Aber alle ärztlichen Bemühungen waren vergeblich, ihm waren nur noch drei Monate in der Freiheit beschieden, dann gab er sein Leben in die Hände dessen, dem sein ganzes Leben und Streben galt. Ein Märtyrer war gestorben, diesen Eindruck hatten alle diejenigen, die ihn gekannt hatten.

Papst Johannes Paul II. hat ihn zum »Vorbild für die Jugend Europas« erklärt. Karl hatte einmal geschrieben: »Christus, du Geheimnis der Kraft Europas«. In diesem Sinne wurde im Bistum Münster der Internationale Karl-Leisner-Kreis und die Karl-Leisner-Jugend gegründet. Die Mitglieder wollen das Andenken an Karl Leisner wachhalten und bemühen sich um Völkerverständigung. Seien wir dankbar für dieses eindrucksvolle Glaubenszeugnis, das mehr wert ist als viele gelehrte Ausführungen über den Glauben. Hier begegnen wir einem lebendigen Glauben, der zur Nachahmung bewegen kann, auch wenn die triumphalistische Sprache, der er sich im damals üblichen kirchlichen Sprachstil bediente, uns heute ein wenig fremdartig anmuten mag.

Vertiefende Literatur:

H.-K. Seeger, Karl Leisner. Visionär eines geeinten Europas, Kevelaer 2012

Bernhard Lichtenberg (1875–1943)

Am 10. Dezember 1935 erhält der mächtigste Mann Europas und Massenmörder Adolf Hitler folgenden Brief, in dem der Briefschreiber ihn als »sein Pfarrkind« anspricht. Darin heißt es: »Als Dompfarrer der St.-Hedwigs-Gemeinde, zu der auch die Reichskanzlei gehört, halte ich mich für berechtigt, dem Führer und Reichskanzler unmittelbar die Bitte vorzutragen, den schriftstellerischen Totengräbern des deutschen Volkes das Handwerk zu legen.« Dabei bezog er sich auf den millionenhaft gedruckten »Pfaffenspiegel«. Eine Antwort erhielt er nie, was auch nicht zu erwarten war. Kein anderer katholischer Geistlicher hatte es gewagt, dem Führer so ins Angesicht zu widerstehen. Dieser Brief kam einer Majestätsbeleidigung gleich. Ihn zu schreiben erforderte schon eine außergewöhnliche Portion Mut und Zivilcourage. Nicht ohne Grund lautete sein Vorname Bernhard, das heißt der Bärenstarke. Nur *ein* Bischof, der Bischof von Münster, Clemens August Graf von Galen, hatte es gewagt, eine Gegenschrift mit dem provozierenden Titel »Der zerbrochene Pfaffenspiegel« zu verfassen.

Der Verfasser des mutigen Briefes war der Dompropst von St. Hedwig, Bernhard Lichtenberg. Er wuchs in einer katholisch geprägten Familie auf, die in der schlesischen Diaspora lebte und im Zeitalter des Bismarck'schen Kulturkampfes ihren Glauben auf vorbildliche Weise praktizierte. »Gott sei Dank für unser katholisches Elternhaus«, unterschrieb er ein Foto seiner Eltern nach deren Tod. Hier wurde seine Persönlichkeit geformt. Von den Grundsätzen, die ihm in seinem Elternhaus vermittelt wurden, hat er zeit seines Lebens gezehrt. Von ihnen hat er sich leiten lassen, als er Priester und später Dompropst in der Großstadt Berlin wurde. Zehn Prozent Katholiken lebten in der Hauptstadt. Augenzeugen berichten, dass Lichtenberg sehr einfach, ja geradezu asketisch lebte. Sein Schlafzimmer war nie geheizt. Dieselbe Strenge, die er gegen sich selbst praktizierte, ließ er auch seine Beichtkinder spüren. Er verweigerte nicht selten die Lossprechung. Der Anblick des großen Elends, das damals in Berlins Arbeitervierteln herrschte, bewog ihn, neben seiner priesterlichen Tätigkeit drei Semester Sozialökonomie zu studieren, um den strukturellen Gründen für die Armut auf den Grund zu gehen. In Charlottenburg organisierte er eine Suppenküche, auch für Anhänger einer anderen Konfession. Hier tritt schon ein Charakterzug Lichtenbergs hervor: seine soziale Gesinnung. Er gönnte sich selbst nichts, lebte anspruchslos und teilte das, was er hatte, im Stile des barmherzigen Samariters mit den Armen.

Schon früh interessierte er sich für Politik, das war ein familiäres Erbe. Großvater und Onkel waren Mitglieder des Zentrums, einer katholischen Partei. In Berlin saß er für die Zentrumspartei als Stadt- und Bezirksverordneter im Charlottenburger Stadtparlament. Damals durften sich Priester noch politisch betätigen, ja, es war nach dem Kulturkampf sogar erwünscht. Zu den Stadtverordneten gehörte auch Joseph Goebbels, ein Jesuitenschüler, mit dem sich Lichtenberg heftige verbale Schlachten lieferte, die legendär geworden sind. Später rächte sich der Reichspropagandaminister und Gauleiter für Berlin und Brandenburg mit Hausdurchsuchungen und Verhören durch die Gestapo.

Schon früh durchschaute Lichtenberg die menschenverachtende, erbarmungslose Politik der Nazis und war ein Gegner der

Beschwichtigungspolitik des Kardinals Bertram, des Vorsitzenden der deutschen Bischofskonferenz, der sich mit Eingaben und Protestnoten begnügte. Besonders bedrückte ihn die Not der »nichtarischen Katholiken«, die ihren Beruf verloren hatten und somit über kein Einkommen mehr verfügten. Für sie gründete der Bischof von Berlin, Graf Preysing, ein Hilfswerk beim Bischöflichen Ordinariat Berlin. Er unterstellte es seinem Dompropst. Hier konnten sich »nichtarische Katholiken« melden, die auswandern wollten, aber nicht das dafür nötige Geld besaßen. Eine Ausreise kostete 400 Reichsmark. Im ersten Jahr meldeten sich 3.500 Menschen. Für sie ließ Lichtenberg in St. Hedwig, der Bischofskathedrale, öffentlich kollektieren. In einer Predigt schilderte er die schwere Not der Glaubensbrüder und behauptete: Im Himmel gebe es nach dem sicheren Zeugnis der Bibel jede Menge Juden. Darüber hinaus setzte er sich auch für die übrigen Juden ein. »Es war für ihn eine Selbstverständlichkeit, dass jeder Mensch ein Bruder Christi ist und ein Geschöpf Gottes, deshalb trat er für die verfolgten Juden ein«, berichtete eine enge Mitarbeiterin von Lichtenberg. Wo er konnte, versteckte er gefährdete Juden und jüdische Familien, dazu nutzte er auch die katholischen Krankenhäuser, wo sie als »Patienten« Unterschlupf fanden. Wenn Eltern nicht mehr zu retten waren, kümmerte er sich um deren Kinder. So wurden 31 Kinder vom Hilfswerk nach England gebracht. Nach seinem Tod wurde er für das Eintreten für die Rechte der Juden in der israelischen Gedenkstätte Yad Vashem als »Gerechter unter den Völkern« ausgezeichnet.

Man hatte ihm nahegelegt, sich doch kompromissbereiter zu zeigen, aber das war gegen seine Natur, er musste seinem Gewissen folgen. Noch als Schwerkranker im Gefängnislazarett erwidert er: »Was, ich soll Kompromisse schließen? Hat Christus das auch getan? Was ein Martin Niemöller konnte, kann ein katholischer Dompropst auch.« 1941 protestiert er gegen die massenhafte Tötung Behinderter; insgesamt waren es 70.000 Menschen, die von den Nazis umgebracht wurden. Er beruft sich dabei auf die Predigt des Bischofs von Galen in Münster, die er selbst vervielfältigen und in den Berliner Gemeinden verteilen ließ. Lichtenberg führt aus: »Der Bischof von Münster hat am 3. August 1941 in der St.-Lamberti-Kirche in Münster eine Predigt gehalten, in der er behauptet, ihm sei versichert worden, dass man im Reichsministerium des Inneren ... gar keinen Hehl daraus mache, dass eine große Zahl von Geisteskranken in Deutschland vorsätzlich getötet werden soll. Wenn diese Behauptung unwahr wäre, hätten Sie, Herr Reichsärzteführer, den bischöflichen Priester längst als Verleumder öffentlich gebrandmarkt und gerichtliche Klage gegen ihn angestrengt ...« Den sog. deutschen Gruß verwendete er nie, und seine Begründung lautete: »Es gibt nur einen Namen, in dem das Heil gekommen ist, Jesus Christus. Heil Hitler ist eine Blasphemie.« Lieber ließ er sich beschimpfen als »Aasgeier der deutschen Not, Otterngezücht, Banditen und Lumpen«.

In seinen Predigten in der St.-Hedwigs-Kathedrale informierte er seine Gemeinde über die Verbrechen des braunen Regimes. Nach den Judenpogromen 1938 sagte er: »Was gestern war, wissen wir; was morgen ist, wissen wir nicht. Aber was heute geschehen ist, haben wir erlebt: Draußen brennt die Synagoge. Das ist auch ein Gotteshaus.« Das abendliche Gebet für die Opfer der nationalsozialistischen Politik, für die Juden, die Soldaten beiderseits der Grenzen und die Gefangenen in den Konzentrationslagern wird für ihn zum Verhängnis. Zwei Studenten, die Zeugen dieses Gebetes gewesen sind, zeigen ihn bei der Gestapo an. Bei der Befragung rechtfertigt er sein Vorgehen mit den Worten: »Ich pflege in diesen Abendgebeten für alle zu beten. Mein Gebet war ja katholisch, das heißt allgemein, und ich dachte, das hieße einfach: Die Sorgen der anderen sind auch meine Sorgen.«

Bei der Hausdurchsuchung nach der Verhaftung fand die Gestapo einen Predigtentwurf; in ihm reagierte er auf ein judenfeindliches Flugblatt des Propagandaministeriums: »In Berliner Häusern wird ein anonymes Hetzblatt gegen die Juden verbreitet … Lasst euch durch diese unchristliche Gesinnung nicht beirren, sondern handelt nach dem strengen Gebot Jesu Christi: ›Du sollst deinen Nächsten lieben wie dich selbst.‹« Das war natürlich Wasser auf die Mühlen der braunen Antisemiten, die das Blut als neue Religion verehrten. Er wurde zu zwei Jahren Haft wegen »Kanzelmissbrauch« verurteilt. In den Briefen aus dem Gefängnis unterschrieb er mit: »Der Gefangene im Herrn«. Im Hofer Stadtkrankenhaus erlag er seiner schweren Nierenerkrankung, unter der er schon vor seiner Inhaftierung litt. Bei seiner Beisetzung, an der mehr als 4.000 Menschen teilnahmen, sagte ein evangelischer Christ, der gemeinsam mit Lichtenberg inhaftiert gewesen war: »Sie haben heute einen Heiligen begraben.«

40 Jahre später wird er von Johannes Paul II. im Berliner Olympiastadion zusammen mit Karl Leisner seliggesprochen. Der Papst begründete diesen Schritt mit den Worten: »Christus ist die Wahrheit. Dafür hat Bernhard Lichtenberg bis zum letzten Atemzug Zeugnis abgelegt. Gegen die Lüge der nationalsozialistischen Ideologie bekannte Lichtenberg darum mutig: ›Mein Führer ist Christus.‹« Vor diesem unerschrockenen Kämpfer für die Menschenwürde und für die Opfer der braunen Diktatur können wir uns nur verneigen und uns von ihm anstecken lassen, unserem christlichen Gewissen zu folgen, sei es gelegen oder ungelegen. Wir brauchen nicht jedem Modetrend

nachzulaufen, sondern sollten uns um »die Unterscheidung der Geister« bemühen. Dabei können wir uns an den Weisungen Gottes orientieren, wie es der selige Dompropst Bernhard Lichtenberg getan hat. Sie waren für ihn die einzige Richtschnur seines Handelns.

Vertiefende Literatur:

E. Kock, Er widerstand. Bernhard Lichtenberg, Berlin 1996

Ignatius von Loyola (1491–1556)

Ordensgründer und Patron der Exerzitien

Als Kardinal Jorge Bergoglio zum Papst gewählt wurde, ging ein Raunen durch die Weltöffentlichkeit, denn mit ihm hatte ein Jesuit den päpstlichen Thron bestiegen. Das war in der langen Geschichte des Papsttums noch nicht vorgekommen. Wohl hatten die Jesuiten als viertes Gelübde die Treue zum Papst aufgenommen, denn sie wollten sich immer dem Papst zur Verfügung stellen, wohin er sie auch senden würde. Aber ein Jesuit als Papst, das übertraf die gewohnten Vorstellungen. Diese Wahl lenkte die Aufmerksamkeit der Medien auf den Jesuitenorden, den größten Männerorden der katholischen Kirche, und auf dessen ersten Generaloberen und Mitbegründer: auf den heiligen Ignatius von Loyola.

Es war ein langer Weg, bis es zur Gründung der Gesellschaft Jesu kam, und dieser Weg ist unlösbar mit der Person des heiligen Ignatius verbunden. Er war ein Spross eines katalanischen Adelsgeschlechtes und hatte viele Jahre am Hof als Page gedient. In diesen Jahren zeigte er sich als Lebemann und war »oft vom Laster des Fleisches besiegt worden«, was ihn zeit seines Lebens belastet hat. Dabei kam er auch mit dem Gesetz in Konflikt. Als Ritter zog er in den Krieg und empfing bei der Schlacht um Pamplona eine schwere Verwundung: Eine Kanonenkugel traf ihn an einem Bein und verletzte auch das andere schwer. Monatelang lag er auf dem Krankenbett. Zum Zeitvertreib vertiefte er sich in seichte Ritterromane und in zwei geistliche Schriften: in die vier Bände des »Lebens Jesu« des Kartäusers Ludolf von Sachsen und in eine Sammlung von Heiligenlegenden. Dabei gewann er eine besondere Verehrung für den heiligen Domini-kus und den heiligen Franziskus.

Es gibt viele Gemeinsamkeiten im Lebenslauf des heiligen Franz und des heiligen Ignatius. Die Lektüre der geistlichen Schriften löste in ihm eine Umkehr aus, er begann ein neues Rittertum zu entdeckten, den Ritter Gottes. Er fragte sich: »Wie wäre es, wenn ich all das täte, was der heilige Franziskus getan hat, oder das, was der heilige Dominikus tat?« Er fing an, über sich selbst nachzudenken, und erkannte, wie notwendig es für ihn wäre, Buße zu tun. Er vollzog auf dem Krankenbett eine radikale Bekehrung, er wollte jetzt Christus, seinem Herrn, die-nen. (Es wird immer wieder behauptet, durch das Lesen von Bü-chern würde man nicht den Weg zum Glauben finden; das mag in der Mehrzahl der Fälle stimmen, aber zumindest im Fall des heiligen Ignatius stimmt es nicht!) Nach seiner Genesung begab er sich zum Kloster Montserrat in Katalonien, dem Nationalhei-ligtum der Katalanen. Hier legte er an drei Tagen eine Lebens-beichte ab und entledigte sich all seiner Reichtümer und Schätze. Wie ein armer Pilger gekleidet, ging er den Berg hinab in Rich-tung Manresa in Spanien. Dort verbrachte er zehn Monate in Buße, strengem Fasten und stundenlangem Beten. Durch sein radikales Fasten verdarb er sich seine Gesundheit für immer.

In dieser Zeit wurden ihm Erfahrungen zuteil, die ihn zu einem Mystiker machten. Seine Mystik führte ihn aber zu einem tätigen Leben, sie ist eine »Mystik des Dienens«. Er vereinigte das kontemplative Leben mit dem aktiven. Damit nahm er die neuzeitliche Definition von Mystik vorweg, die von der »Mystik der geöffneten Augen« spricht (J. B. Metz). Fortan war er stets um das Wohl des Nächsten bemüht, indem er predigte, Vorträge über die Heilige Schrift hielt und Kranke in den Hospitälern pflegte sowie Sterbende begleitete. Seine Verkündigungstätigkeit rief jedoch die Inquisition auf den Plan. Insgesamt acht Mal wurde er von den »Glaubenswächtern« verhört, wurde zeitweilig sogar ins Gefängnis geworfen, doch konnte er sich stets selbst überzeugend verteidigen.

Ein Laie ohne theologische Kenntnisse war damals als Prediger undenkbar. So musste er als 36-Jähriger theologische Studien betreiben. Sie dauerten sieben Jahre, die er auf sich nahm, und führten ihn nach Paris, dem damaligen Mekka der katholischen Theologie. Hier versammelte er um sich sechs Gefährten, die »lieben Freunde im Herrn«, mit denen er später einen Orden gründete, was ursprünglich nicht beabsichtigt war. Dieser Orden unterschied sich aber von den herkömmlichen Orden dadurch, dass er kein Kloster vorsah, kein gemeinsames Chorgebet, keine feierliche Liturgie, kein eigenes Ordenskleid und keine durch Regeln verordneten eigenen Bußzeiten; denn all dies behinderte das Apostolat. Zu den drei Gelübden des Gehorsams (gegenüber dem Ordensgeneral), der Ehelosigkeit und der Besitzlosigkeit trat ein viertes Gelübde hinzu: Sie wollten dem Papst sich zur Verfügung stellen, »damit er sie dorthin sende, wo er glaubte, es sei ein größerer Dienst an den Menschen«. Als Namen wählten sie »die Gesellschaft Jesu« (Societas Iesu), abgekürzt SJ. Sie wollten damit zum Ausdruck bringen, dass sie kein anderes Haupt und keinen anderen Oberen, abgesehen von seinem irdischen Stellvertreter, dem Papst, über sich anerkannten als Jesus Christus. Sie wollten »Gesellen Jesu« sein.

In einer Erscheinung vor den Toren Roms hatte Ignatius geschaut, »wie Gott der Vater ihn seinem Sohn zugesellt hatte«. So berichtet er in seiner Autobiographie mit dem Titel »Bericht eines Pilgers«. Ihm allein wollte er dienen. Er wurde zum ersten Ordensoberen gewählt, trotz seines Widerstandes, den er mit seiner schwachen Gesundheit und seinem sündigen Vorleben begründete. Sehr schnell breitete sich dieser neue Orden aus, so dass er beim Tod ihres Mitbegründers im Alter von 65 Jahren im Jahre 1556 bereits 1.000 Mitglieder hatte, in zwölf Ordensprovinzen aufgeteilt, wozu auch die Missionsprovinzen zählten. Heute gehören dem Orden über 17.000 Jesuiten an. Der erste Grundsatz des Jesuitenordens besteht aus dem Leitspruch des Heiligen: »Alles zur größeren Ehre Gottes«. Alles soll diesem Ziel untergeordnet sein. Der zweite Grundsatz der ignatianischen Spiritualität zeigt sich im Monogramm des Ordens in den drei Buchstaben IHS, einer griechischen Abkürzung für Jesus. Dieses Monogramm findet sich über allen Eingängen der Gebäude der Jesuiten in der ganzen Welt.

Mit der Person des Heiligen sind unlösbar seine Geistlichen Übungen, die Exerzitien, verbunden, und nicht ohne Grund ist er zum Patron der Exerzitien und Exerzitienhäuser ernannt worden. Schon in Manresa begann er mit der Niederschrift der 30-tägigen Geistlichen Übungen, die sich über viele Jahre erstreckte. Sie stellen sein literarisches Hauptwerk dar. »Von Gott selbst belehrt, hat Ignatius die Exerzitien empfangen«, berichtet sein Schreiber. Sie sind als Anleitung für diejenigen gedacht, die andere bei diesen Übungen begleiten. Als diese Übungen bezeichnet Ignatius ganz allgemein »jede Weise, das Gewissen zu erforschen, sich zu besinnen, zu betrachten, mündlich und geistig zu beten, und andere geistliche Betätigungen oder auch jede Weise, die Seele darauf vorzubereiten und einzustellen«. In der Einleitung des Buches heißt es: »Geistliche Übungen, um über sich selbst zu siegen und sein Leben zu ordnen, ohne sich durch irgendeine Anhänglichkeit bestimmen zu lassen, die ungeordnet wäre«.

Inhaltlich steht das Leben Jesu Christi im Mittelpunkt, mit dem sich der Meditierende vertraut machen und auf diesem Hintergrund auch das eigene Leben betrachten soll. Dabei legte Ignatius größten Wert auf die Betrachtung der Menschwerdung, Geburt und Kindheit Jesu. Wir sollen »schauen und erwägen, dass der Herr in größter Armut geboren wird und am Ende am Kreuz stirbt, und das alles für mich«. Diese Übungen enthalten aber nicht nur Meditationsanleitungen. Es geht dabei auch um Lebensentscheidungen, wie eine Berufswahl zu treffen ist, die dem Wesen des Glaubens entspricht. Zudem stellte er eine Reihe von »Regeln zur Unterscheidung der Geister« auf; sie sollen helfen bei der Frage, ob ich mich auf einem guten Weg befinde. Eine solche lautet: »Zur Zeit der Trostlosigkeit niemals eine Änderung machen, sondern fest und beständig in den Vorsätzen und dem Entschluss stehen, in denen man an dem solcher Trostlosigkeit vorangehenden Tag stand.« Ignatius selbst hat häufig die Exerzitien gegeben und auf diesem Weg auch viele Anhänger gefunden. Heute fußen fast alle Exerzitienformen auf diesen Geistlichen Übungen, sein kostbarstes Vermächtnis an uns, das es zu bewahren gilt.

Seine glühende Christusliebe kommt in einem Gebet zum Ausdruck, das auch wir uns zu eigen machen könnten: »Nimm hin, Herr, und empfange meine ganze Freiheit, mein Gedächtnis, meinen Verstand und meinen ganzen Willen; gib mir die Gnade und Liebe, das ist mir genug.«

Vertiefende Literatur:

St. Kiechle, Ignatius von Loyola – Meister der Spiritualität, Freiburg 2001

Die Lübecker Märtyrer (1943)

»Sag niemals drei, sag immer vier«

Das aus dem Griechischen stammende Wort Ökumene meinte im Altertum die ganze bewohnte Welt. In der Neuzeit hat sich ein Bedeutungswandel vollzogen. Nunmehr bezeichnet Ökumene das Bemühen, die verloren gegangene Einheit der Kirche wiederherzustellen. Dieses Bemühen findet auf nicht-katholischer Seite in der Weltmissionskonferenz 1910 in Edinburgh seinen Ausgangspunkt, hier wurde gewissermaßen die Ökumene offiziell aus der Taufe gehoben. Die katholische Kirche nahm auf Grund ihres Selbstverständnisses an der ökumenischen Bewegung nicht teil, denn sie verband mit der Ökumene den Gedanken einer notwendigen Rückkehr der getrennten Kirchen in den Schoß ihrer eigenen Kirche, die ja die »allumfassende« war. Doch stieß dieses Verständnis von Ökumene auf Seiten der nichtkatholischen Kirchen auf Widerspruch und erwies sich daher als wenig hilfreich. Erst auf dem II. Vatikanischen Konzil bekannte die katholische Kirche, dass die Spaltung unter den Jüngern Christi offenbar dem Willen Christi widerspreche und daher ein Ärgernis für die Welt sei und der Sache der Verkündigung des Evangeliums Schaden zufüge.

Doch lange vor diesen offiziellen Verlautbarungen existierte bereits eine gelebte Ökumene. Kardinal Kasper erblickt sie »in Missions- und Diasporaerfahrungen, in Leiderfahrungen konfessionsverschiedener Ehen und in der Erfahrung von Gemeinsamkeit, welche katholische und evangelische Christen in den Schützengräben ... und nicht zuletzt in den Konzentrationslagern, im gemeinsamen Widerstand gegen ein brutales, inhumanes System machten«. Ein leuchtendes Beispiel für diese Form von Ökumene stellen die vier Lübecker Märtyrer dar, die erst durch ihren Seligsprechungsprozess über den Raum der beiden Bistümer Osnabrück und Hamburg in das allgemeine Bewusstsein der Kirchen gelangt sind. Es sind dies die Kapläne Hermann Lange, Eduard Müller und Johannes Prassek sowie der evangelische Pastor Karl Friedrich Stellbrink.

Das Motto: »Sag niemals drei, sag immer vier« bringt diese gelebte Ökumene aus dem Widerstand auf eine kurze Formel. Wer waren diese vier mutigen Christen, die ihren Widerstand gegen das Hitlerregime mit ihrem Leben bezahlt haben? Die drei Kapläne waren Priester des Bistums Osnabrück. Sie stammten aus sehr unterschiedlichen Familien. Nur einer, Hermann Lange, wuchs in einer durch und durch katholisch geprägten Familie auf, ein Onkel war Priester und Domkapitular in Osnabrück. Die anderen beiden Kapläne fanden auf ihrem Glaubensweg nur bei ihrer Mutter Halt und Unterstützung, während die Väter völlig ausfielen. Nachhaltige Einflüsse verdanken alle drei der kirchlichen Jugendarbeit, wo ihnen die Liebe zu Jesus Christus und seiner Kirche vor allem durch authentische Kapläne vermittelt wurde. Damals geschah die kirchliche Jugendarbeit weitgehend im Untergrund; denn offiziell war sie verboten. (An diesem Beispiel kann man erkennen, wie verhängnisvoll sich der Ausfall junger Kapläne heute in der Seelsorge auswirkt, da die frisch Geweihten schon früh mit der Leitung einer Gemeinde betraut werden. An eine eigene Jugendpastoral ist unter diesen Umständen kaum noch zu denken.)

Während ihres Theologiestudiums in Münster gerieten sie in den Bannkreis des charismatischen Bischofs Clemens August Graf von Galen, der unerschrocken seine Ablehnung des braunen Giftes in seinen Predigten zum Ausdruck brachte. So waren sie schon früh gefeit gegen die Verlockungen der national-sozialistischen Ideologie. Sie ließen sich nicht blenden von den Heilsverheißungen der Nazis und suchten auch keine Kompromisse. In ihrer Arbeit mit Jugendlichen machten sie aus ihrem Herzen keine Mördergrube und stärkten die ihnen anvertrauten Jugendlichen im Widerstand gegen das verbrecherische Naziregime. Ihre Offenheit wurde ihnen jedoch zum Verhängnis, denn Spitzel, die ein angebliches Interesse an einer Konversion vorgetäuscht hatten, waren bereits in die Jugendgruppen eingeschleust worden. Darüber hinaus verbreiteten die Geistlichen die drei berühmten Galen-Predigten aus dem Jahre 1941, in denen er sich mit aller Schärfe gegen den Klostersturm und gegen die Krankenmorde der Euthanasieaktion gewandt hatte. Das war etwas Ungeheuerliches und kam einer Majestätsbeleidigung gleich. Damit hatte er sich Hitler zum Todfeind gemacht, der nach dem »Endsieg« mit ihm und der katholischen Kirche abrechnen wollte. Die drei Kapläne empfanden die anklagenden Worte aus Münster wie eine Befreiung, hüllten sich doch die übrigen Bischöfe in Schweigen und wagten keinen Aufstand gegen die damals Herrschenden. Sie sahen es daher als ihre Pflicht an, die Predigten weiterzuverbreiten, wohl wissend, dass dies in den Augen der Herrschenden ein Kapitalverbrechen war, das mit dem Tode geahndet werden musste.

Einen ganz anderen Weg ist der Vierte im Bunde gegangen, der evangelisch-lutherische Pastor Karl Friedrich Stellbrink. In seinen frühen Jahren war er ein fanatischer Antisemit und ein Katholikenhasser. Rom und Juda waren seine erklärten Feinde. Früh trat er in die braune Partei ein und gehörte zu den »Deutschen Christen«, die sogar über einen eigenen Reichsbischof verfügten. Er jubelte und war Gott dankbar, »der unserem Volke zu den drei großen Deutschen Hermann, Luther und Bismarck den vierten geschenkt hat, Adolf Hitler, den Einiger«. Im Laufe seiner Tätigkeit als Pastor in Lübeck erlebte er, wie die Nazis die Jugend der Kirche systematisch entfremdeten und so eine Konfirmandenarbeit behinderten. Immer mehr distanzierte er sich vom Regime und trat schließlich aus der Partei aus. Bei einer Trauerfeier auf dem Friedhof in Lübeck knüpfte er erste Kontakte zu Kaplan Prassek, die im Laufe der Zeit intensiver wurden. Sie tauschten Flugschriften, Hirtenbriefe, Zeitungsberichte und Predigten aus und bestärkten sich gegenseitig in ihrer Ablehnung der herrschenden Ideologie. Durch eine seiner Töchter kam der lutherische Geistliche in Kontakt mit einer angesehenen katholischen Familie in Lübeck, woraus sich im Laufe der Zeit eine Freundschaft ergab. Gemeinschaftlich vervielfältigten und verteilten die vier Geistlichen die berühmten Galen-Predigten. Dies brachte das Fass zum Überlaufen. Sie wurden von der Gestapo verhaftet. Am Tag seiner Verhaftung wurde Stellbrink von seiner eigenen Kirche seines Amtes enthoben.

Wenn man die Briefe liest, die von den vier Inhaftierten an ihre Angehörigen und an Jugendliche ihrer Pfarrei gerichtet waren, dann fühlt man sich im Innersten angesprochen. Aus ihnen spricht ein ungebrochener Glaube an Christus und an sein Reich. Besonders beeindruckend ist der Abschiedsbrief Hermann Langes an seine Eltern. Thomas Mann bezeichnete diesen Abschiedsbrief als »das schönste Beispiel christ-katholischen Glaubens«. Darin heißt es: »Wenn Ihr mich fragt, wie mir zumute ist, kann ich Euch nur antworten: ich bin 1. froh bewegt, 2. voll großer Spannung! Zu 1.: für mich ist mit dem heutigen Tag alles Leid, aller Erdenjammer vorbei – und Gott wird abwischen jede Träne von ihren Augen! Welcher Trost, welch wunderbare Kraft geht doch aus vom Glauben an Jesus Christus, der uns im Tod voraufgegangen ist. An Ihn habe ich geglaubt, und gerade heute glaube ich fester an Ihn und werde nicht zuschanden werden … Und 2. Heute kommt die größte Stunde meines Lebens! … Jetzt wird für mich der Glaube übergehen in Schauen, die Hoffnung in Besitz und für immer werde ich Anteil haben an Dem, Der die Liebe ist! … Heute ist die große Heimkehr ins Vaterhaus, und da sollte ich nicht froh und voller Spannung sein? Und dann werde ich auch all die wiedersehen, die mir hier auf Erden lieb waren und nahestanden … Ich umfange Euch alle noch einmal mit einem innigen Kuss der Liebe! Auf Wiedersehen oben beim Vater des Lichtes! Euer – Phil 1,21! – glücklicher Hermann.«

Und der evangelische Pastor schreibt an seine Frau: »Nun hat alles Warten ein Ende, der Weg liegt endlich wieder klar vor mir und das Ziel ist uns Christen ja bekannt. Wie oft habe ich davon gepredigt, nun ist es bald erreicht … wahrlich, es ist nicht schwer zu sterben und sich in Gottes Hand zu begeben … Und nun denkt an mich; denn hier auf Erden habe ich vieles falsch gemacht. Jetzt aber werde ich immer bei euch sein. Zeit und Raum sind keine Grenzen mehr für mich, und allezeit werde ich vor Gottes Angesicht stehen mit meiner Fürbitte für euch, immer wird meine Seele euch umschweben, sich mit euch freuen, mit euch auch Leid und Schweres tragen … Gott segne und behüte unser geliebtes deutsches Volk und Vaterland.« Wer diese letzten Zeilen eines zum Tode durch den Strang Hingerichteten liest, kann sich nicht diesem Glaubenszeugnis angesichts des Todes entziehen. Er wird gestärkt in seinem eigenen, angefochtenen Glauben.

Und das Schöne daran ist, dass drei katholische Geistliche und ein evangelischer Pastor sich in der Una Sancta verbunden wussten. Alle Unterschiede in der Auffassung von Glaube und Kirche schwanden dahin, wo es um die nackte Existenz ging, wo das Glaubenszeugnis für den herausgefordert wurde, welcher der Weg, die Wahrheit und das Leben ist. Hier ging es um den Glauben an Jesus Christus, den Herrn der Kirche, den sie gemeinsam bezeugten. So haben sie vermutlich auch den einen oder anderen Gefängnisaufseher nachdenklich gestimmt, der sich eine solche Glaubenshaltung nicht erklären konnte. Wir brauchen heute gläubige Christen, die Widerstand leisten gegen Inhumanität und Völkermord, die heute weit verbreitet sind. Die Lübecker Märtyrer waren Vorreiter einer Ökumene des Widerstandes, die heute dringlicher ist denn je.

Vertiefende Literatur:

P. Voswinckel, Geführte Wege. Die Lübecker Märtyrer in Wort und Bild, Kevelaer/Hamburg 2011

Thomas Merton (1915–1968)

Kontemplativer Mystiker und Schriftsteller

Ein portugiesisches Sprichwort sagt: »Gott schreibt auch auf krummen Zeilen gerade.« Es will besagen, dass wir oft erst auf Umwegen und verschlungenen Pfaden den Weg zu einem gelingenden Leben finden. Dies gilt auch für den amerikanischen Trappistenmönch Thomas Merton, dem nur ein relativ kurzes Leben beschieden war, der aber durch seine Schriften und persönlichen Begegnungen viele Menschen im Innersten berührt und zum Glauben geführt hat.

Er kam in Frankreich als Kind zweier Künstler zur Welt, etwa vor 100 Jahren, und wurde protestantisch getauft. Seine Eltern waren immer unterwegs und kamen nie zur Ruhe. Diese Ruhelosigkeit haben sie auf ihn übertragen. Thomas Merton wuchs an zahlreichen Orten in Europa und in den USA auf, besuchte verschiedene Internate und studierte Journalistik in Cambridge und Literaturwissenschaft an der Columbia Universität in den USA. Er führte ein bewegtes, ausschweifendes Leben und zeugte in London ein Kind, sympathisierte mit dem Kommunismus und verstand sich als Atheist.

Aber bald geriet er in eine tiefe Krise, die er mit den Worten beschrieb: »Ich war ein Produkt der Selbstsucht und Verantwortungslosigkeit des materialistischen Jahrhunderts, in dem ich lebte. Wir leben in einer Gesellschaft, deren ganzes Ziel darin besteht, jeden Nerv im menschlichen Körper zu erregen und zur höchsten, künstlichen Spannung zu treiben. Wie seltsam! Ich fühlte mich leer. Ich griff nach allem und verlor alles. Ich stürzte mich in Vergnügen und Freuden und fand Qual, Furcht und Angst.« Die Stadt war für ihn »der Brennpunkt der Technologie, also musste sie vermieden werden«. Sie war für ihn der Inbegriff all dessen, was in der modernen Gesellschaft schlecht war. So begab er sich auf die Suche nach einem tieferen Sinn seines Lebens. Er vertiefte sich in religiöse Bücher und versuchte zu glauben. Eines Tages dachte er, »er soll es einfach mal probieren mit dem christlichen Glauben«.

Mit 23 Jahren trat er zum katholischen Glauben über. Später verschenkte er seine Anzüge, warf seine Romanmanuskripte in den Ofen und fuhr nach Kentucky in Amerika, wo sich eine Abtei der Trappisten befand, des strengsten Ordens in der katholischen Kirche. Er setzte alles auf eine Karte; denn was ihn da erwartete, stand im schärfsten Kontrast zu seiner bisherigen Lebensweise: Schlafen auf Strohmatten, fünf Stunden Chorgebet ab zwei Uhr morgens, fünf Stunden Handarbeit jeden Tag, und das alles in tiefem Schweigen verrichtet. Dazu eine magere Kost ohne Fisch, Fleisch und Eier. Im Winter froren die Mönche, im Sommer litten sie unter der fast unerträglichen Hitze. Bei seinem Eintritt zählte die Abtei rund 80 Mönche, später sollte sie über 200 haben.

Er nahm den Namen Father Louis an. Eigentlich verblieb ihm nur wenig Zeit zum Schreiben von Büchern, und doch sind in der kurzen Zeit, die er im Orden verbrachte, 60 erfolgreiche Bücher entstanden. Darunter befindet sich seine Autobiographie, die er im Auftrag des Abtes verfasst hat. Sie trägt in der deutschen Übersetzung den Titel »Der Berg der sieben Stufen« und wurde zu einem Bestseller, was der Verleger nicht erwartet hatte. In diesem Buch hatte der junge Schriftsteller die spirituelle Sehnsucht der damaligen Generation getroffen und daher ein weltweites Echo gefunden.

Wer nun gedacht hätte, der unstete Geist des genial begabten Thomas Merton sei hinter den dicken Klostermauern des Trappistenklosters zur Ruhe gekommen, sah sich getäuscht. Er blieb weiterhin auf der Suche nach Gott und gerade diese religiöse Unruhe machte ihn für viele auf der Suche Befindliche zum begehrten Gesprächspartner. Viele hat er zum Glauben geführt, auch seinen eigenen jüngeren Bruder. Ein Benediktiner aus Luxemburg schrieb: »Ich hatte das Gefühl: Diese Geschichte ist meine Geschichte. Ich ging Thomas Mertons Weg mit ihm und kam ans gleiche Ziel wie er.« Sein Eintritt in die Trappistenabtei bedeutete keineswegs einen radikalen Bruch mit der Welt, wie wir ihn uns vorstellen. Er meinte: »Wirkliche Einsamkeit ist sich der Nöte dieser Welt zutiefst bewusst – sie hält die Welt nicht auf Armlänge von sich weg.«

Unermüdlich betonte er, dass Mönchsein das absolute Gegenteil von Weltflucht sei. Er unterhielt eine ansehnliche Korrespondenz mit den damaligen Geistesgrößen bis hin zum Dalai Lama. Auch bezog er zu politischen Fragen Stellung, solidarisierte sich mit den Menschen draußen, plädierte gegen den Vietnamkrieg, das atomare Rüsten und den Rassismus. Im Laufe der Zeit radikalisierte sich sein Pazifismus immer mehr. In vielen Publikationen setzte er sich für den Frieden ein, lehnte dabei aber jede Anwendung von Gewalt ab. Hier kam sein Verständnis vom monastischen Leben zum Ausdruck. Für ihn war der Mönch ein Rebell, ja ein Revolutionär.

Darüber hinaus engagierte er sich im interreligiösen Dialog, wobei sein Hauptinteresse dem Buddhismus galt. Zwischen Christentum und Buddhismus erblickte er auf der Erfahrungsebene viele Gemeinsamkeiten. So war es symptomatisch, dass er nach einem Vortrag auf einem interreligiösen Kongress in Bangkok in seinem Hotelzimmer mit 53 Jahren am Jahrestag seines Klostereintritts auf mysteriöse Weise zu Tode kam. Auch ging er noch als Trappist eine enge Verbindung mit einer Krankenschwester ein, die er dann aber zugunsten des Klosters beendete. Man sieht, die Erotik hat ihn auch als ehelos lebenden Mönch weiterhin in Bann gezogen. Fast kann man den Eindruck gewinnen, dass er wie ein Hecht im Karpfenteich des Klosters gelebt habe. Und gerade das macht seine schillernde Persönlichkeit heute für viele immer noch so faszinierend. Es zeigt, wie farbenreich und spannend ein klösterliches Leben sein kann, wenn man ihm Raum gewährt. Er hat einmal über seine Gottsuche gesagt: »Wenn ich Ihn mit großer Leichtigkeit finde, ist Er vielleicht nicht mein Gott. Wenn ich nicht hoffen darf, Ihn überhaupt zu finden, ist er dann mein Gott? Wenn ich Ihn überall finden kann, wo ich es wünsche, habe ich Ihn dann gefunden? Wenn Er mich überall findet, wo Er es wünscht, und mir sagt, wer Er ist, und wer ich bin, und wenn ich dann erkenne, dass Er, den ich nicht finden konnte, mich gefunden hat – dann weiß ich, es ist der Herr, mein Gott.«

Erst als er die Erlaubnis erhielt, innerhalb des Klosters eine Einsiedelei zu beziehen, konnte er sein Verständnis einer kontemplativen Mystik aus der Stille entwickeln und schriftlich festhalten (vgl. dazu seine Schrift »Die innere Erfahrung. Bemerkungen zur Kontemplation«). Unter Kontemplation versteht er »ein Leben in der Gotteserfahrung und aus der Gotteserfahrung«. Dabei muss zweierlei beachtet werden: Der Kontakt mit der Welt muss so weit wie möglich verkleinert werden und man muss lernen, »die notwendigerweise bleibenden Konflikte zu leben«; darunter versteht er den »Lärm, die Betriebsamkeit, die Menschenmassen, den Mangel an Zeit und die ständige Berührung mit rein weltlicher Mentalität«. Er meint: »In der Einsamkeit kann der Eremit das Vertrauen haben, dass alle Dinge um ihn herum in jedem Augenblick den Willen Gottes erfüllen …

Das aber kann man in einer Umgebung von Menschen nicht annehmen.« Wie will man diese Kontemplation aber in der Welt außerhalb des Klosters leben? Bleibt sie also nicht doch wieder auf die Welt des klösterlich lebenden Menschen eingeengt?

Er gibt uns Einblick in sein Beten: »Eigentlich praktiziere ich eine sehr einfache Art des Betens. Sie ist ganz ausgerichtet auf die Achtsamkeit der Präsenz Gottes, Seinen Willen und Seine Liebe … Es gibt in meinem Herzen einen großen Durst, ganz das Nichts von all dem zu erkennen, was nicht Gott ist. Mein Gebet ist also eine Art von Lobpreis, der aufsteigt aus dem Zentrum des Nichts und der Stille.« Das kontemplative Leben muss Raum gewähren für Stille. Wenn es um Gott geht, werden alle Vorstellungen von ihm fragwürdig. Hier bewegt sich Merton in der Spur der sog. negativen Theologie, die eigentlich von Gott nur aussagen kann, was er nicht ist. Hier gibt es auch große Berührungen mit anderen Religionen, selbst noch mit den Atheisten, die oft einen Gott ablehnen, den es so eigentlich gar nicht gibt. »Die Abwesenheit Gottes ist paradoxerweise auch seine Anwesenheit, sofern er nicht nur transzendent, sondern auch immanent ist.«

Thomas Merton war kein Heiliger, dessen war er sich selbst hinreichend bewusst; er war vielmehr ein unruhiger, stets von der Suche nach Gott Getriebener, ein Meister der Kontemplation und »Hüter der Stille«. Er ist einer der einflussreichsten Meister des mystischen Lebens in der Gegenwart, und dies nicht nur im angelsächsischen Raum. Er lädt uns ein, den Weg der Kontemplation in Stille mit ihm zu gehen.

Vertiefende Literatur:

M. W. Higgins, Thomas Merton. Der geerdete Visionär, Stuttgart 2015

Thomas More (1478–1535)

Märtyrer aus Gewissensgründen

Heute kann man häufig hören, dass Menschen sagen, das Gewissen sei ein sanftes Ruhekissen; es beunruhige sie nicht, weil sie darauf nicht mehr hören. Andere behaupten, sie würden gegen das Gewissen ankämpfen, aber dabei immer als Sieger hervorgehen. Sigmund Freud erblickte im Gewissen die verinnerlichten Gebote und Verbote der erziehenden Umwelt. Von ihnen müsse man sich im Laufe des Lebens lösen, um zu sich selbst zu gelangen, zu seinem Ich. Alles das sind negative Umschreibungen des Gewissens, die den Abschied vom Gewissen beinhalten. Dagegen hat das II. Vatikanische Konzil betont, dass das Gewissen das »Heiligtum im Menschen« sei, der ausgezeichnete Ort der Gottesbegegnung. Mit seiner Hilfe vernehme der Mensch ein »Echo der Stimme Gottes« (John Henry Newman). All das aber sind sehr unanschauliche Bezeichnungen, wir müssen sie mit Leben füllen. Wir müssen an Menschen ablesen können, welche Macht vom Gewissen ausgehen kann, wenn man auf diese Stimme zu hören bereit ist. Diese Menschen sind sogar bereit, für die Weisungen des Gewissens den Tod auf sich zu nehmen.

Ein solcher Märtyrer aus Gewissensgründen war der Engländer Thomas More (oder auch Thomas Morus), der von 1478 bis 1535 in London gelebt und gewirkt hat. Er war höchst umstritten, vor allem auf Seiten der Protestanten, denen er in seinen Schriften den Kampf angesagt hatte. In ihren Augen war er »ein barbarischer Verfolger«. Als Richter verhängte er Todesurteile gegen »Häretiker«. Für den Humanisten Erasmus von Rotterdam dagegen war er das »einzige Genie«, das England hervorgebracht habe. Anfangs erwog er, in einen Orden einzutreten. Vier Jahre war er Gast in einer Londoner Kartause. Aber dann entschied er sich doch für einen weltlichen Beruf und trat bald darauf als Jurist in den Dienst des Königs. Dieser wurde auf ihn aufmerksam und förderte ihn, so dass er schnell Karriere machte. Am Ende bekleidete er das höchste Amt, das im englischen Königreich zu vergeben war. Er wurde Lordkanzler, wir würden heute sagen: der Premierminister des Königs.

Sehr bald aber kam es zu einem Gewissenskonflikt für ihn: Er musste sich zwischen der Loyalität gegenüber dem König Heinrich VIII. und dem Papst entscheiden. Die Ehe des Königs mit Katharina von Aragon war ohne männlichen Nachwuchs geblieben, und damit fehlte der Thronerbe. So beschloss der König, seine erste Ehe in Rom annullieren zu lassen. Dafür erhielt er aber nicht das Plazet des Papstes. Heinrich zog die Konsequenzen daraus und nahm sich Anna Boleyn zur zweiten Frau. Damit hatte er das Band mit Rom zerschnitten. Er setzte sich selbst als Oberhaupt der Kirche von England ein und verlangte von den Klerikern, dass sie einen Eid auf ihn als obersten Herrn der englischen Kirche ablegten. Dazu waren alle bereit, mit Ausnahme des Bischofs John Fisher aus Rochester und einiger Kartäusermönche. Da Morus selbst kein Kleriker war, hätte er diesen Eid eigentlich gar nicht ablegen müssen, und dennoch verlangte der König auch von ihm diesen Akt der Anerkennung seines Primats über die englische Kirche. Er verweigerte den Eid auf den König, weil dieser Akt »in unmittelbarem Widerspruch zu den Gesetzen Gottes und seiner heiligen Kirche« stand, wie er vor Gericht bekundete. Sein Gewissen verbot ihm, den König als obersten Herrn der Kirche von England anzuerkennen.

Morus war bereit, daraus die Konsequenzen zu ziehen, und trat vom Amt des Lordkanzlers zurück. Er wurde wie auch Bischof Fisher und die Kartäusermönche im Tower von London eingekerkert. Ihm wurde Hochverrat vorgeworfen. Im Gerichtsverfahren führte er aus: »Ihr müsst verstehen, dass jeder gute und treue Untertan seinem Gewissen mehr verpflichtet ist als allen anderen. Das gilt ganz besonders in meinem Falle … So will ich, um mein Gewissen zu erleichtern, jetzt frei bekennen, was meine Überzeugung ist. Und insofern, als dieses Urteil gegen mich auf eine Gesetzgebung gegründet ist, die den Gesetzen Gottes und seiner heiligen Kirche widerspricht.« Damit sprach er dem König und dem Parlament das Recht ab, einen Einzelnen zu zwingen, die Entscheidung des Königs gutzuheißen. Er bekannte in aller Offenheit seine Treue zum Papst und zur römischen Kirche, obwohl er damit den grausamen Foltertod vor Augen hatte. Und er schloss mit den Worten: »Mylords, Ihr wart auf Erden meine Richter. Ich hoffe, dass wir uns im Himmel wiedersehen werden. Und dass wir dort zusammen fröhlich sind.«

Der König bemühte sich vergeblich, More umzustimmen, und dessen Frau und Kinder sollten ihm dabei behilflich sein. Sie hatten sich dem Befehl des Königs unterworfen und ihn als obersten Herrn der Kirche von England anerkannt. Er hatte es so eingerichtet, dass More Zeuge wurde, wie zuerst dem Prior der Kartäusermönche die Kutte aufgerissen wurde, das Geschlechtsteil abgeschnitten, der Bauch aufgeschlitzt und die Eingeweide herausgerissen wurden. Während dieser Tortur sangen die übrigen Mönche weiter: »Wir haben die Angst dieser Welt besiegt.« Sie gingen ohne Furcht für ihren katholischen Glauben in den Tod. More hat dagegen seiner Tochter sein »verzagtes Herz« und seine »atemwürgende Todesangst« eingestan-

Thomas More (1478–1535)

den. Er schreibt aus dem Gefängnis: »Deshalb ist es keine Feigheit, wenn ein Mensch Angst davor hat, gequält zu werden, und wenn er dem Martyrium so lange als möglich ausweicht.«

Entgegen allen Erwartungen begnadigte ihn der König zum Tod durch das Schwert ohne Folter, was vergleichsweise barmherzig war. Sein ihm vom König gewährtes letztes Wort offenbart seinen Humor, den er sich bis ans Lebensende bewahrt hatte. (Er hat sogar ein Gebet um Humor verfasst, das im alten »Gotteslob«, Nr. 8.3, erhalten ist.) Im Gefängnis ist ihm ein langer, weißer Bart gewachsen, und als er jetzt niederkniet und seinen Kopf auf den Richtblock legt, schiebt er den Bart vom Halse weg zur Seite und sagt zum Henker: »Mein Bart hat schließlich keinen Hochverrat begangen.« Geistvoll wie eh und je und in sein Los ergeben, schied er aus dieser Welt. Sein Kopf wurde einen Monat lang auf der Londoner Brücke zur Abschreckung zur Schau gestellt, ehe ihn seine Tochter gegen ein Bestechungsgeld herunterholen konnte. So endete das Leben eines hochbegabten und verdienstvollen Staatsbeamten, der nicht bereit war, gegen sein Gewissen zu handeln. Er hatte einmal gesagt, und das galt für sein ganzes Leben: »Nie hätte ich daran gedacht, einer Sache zuzustimmen, die gegen mein Gewissen gewesen wäre.« Welch eine Treue zum eigenen Gewissen, das mehr ist als nur die Verinnerlichung von Geboten und Normen der Umwelt, nämlich das »Echo auf Gottes Stimme« (J. H. Newman).

Von Anbeginn des Christentums haben die Christen sich immer wieder gegen die weltlichen Herrscher zur Wehr gesetzt, die sich an die Stelle Gottes setzen wollten. Dafür wurden sie in der Arena den wilden Tieren zum Fraß vorgeworfen oder gehängt. Sie haben sich dabei von der Devise der Apostel leiten lassen: »Wir müssen Gott mehr gehorchen als den Menschen.« Gegenwärtig erfahren dies auch Christen im Vorderen Orient oder in Afrika. Militante Islamisten stellen sie vor die Wahl: Konversion zum Islam oder Kopf ab. Und dabei unterscheiden sie nicht einmal zwischen Erwachsenen und Kindern. Und wieder sind Christen bereit, den Tod auf sich zu nehmen. Sie halten Jesus Christus die Treue, der für sie »der Weg, die Wahrheit und das Leben« ist. Sie fühlen sich nicht als »Ungläubige«, denn auch sie folgen ihrem Gewissen, wie es Thomas More getan hat.

Vertiefende Literatur:

Th. Mertz, Thomas Morus begegnen, Augsburg 2011

Philipp Neri (1515–1595)

Patron der Humoristen

»Hat Jesus gelacht?« Der griechische Kirchenlehrer Johannes Chrysostomus hat diese Frage verneint. Vergeblich sucht man im Neuen Testament nach Stellen, die bezeugen, dass Jesus einmal gelacht haben soll. Und auch in der christlichen Kunst begegnet uns niemals ein lächelnder Jesus, er trägt stets ernste Züge. Erst in der Pop-Art hat man dieses Versäumnis nachgeholt. Aber wie war das mit der Hochzeit zu Kana, zu der Jesus mit seinen Jüngern und Maria eingeladen war? Dort wird er sicher nicht wie ein Griesgram herumgesessen, sondern in das Gelächter der Festgäste miteingestimmt haben.

Auch unter den Heiligen entdeckt man nur wenige, von denen man sagen kann, dass die Fröhlichkeit ein beherrschendes Kennzeichen ihres Charakters gewesen sei. Einer von ihnen ist Philipp Neri (1515–1595). Er verkörpert den Humor in der Kirche. Goethe, wahrlich kein Freund der Katholiken, erklärte ihn in seiner »Italienischen Reise« zu seinem Lieblingsheiligen, in seinen Augen war er ein »humoristischer Heiliger«. Es kommt also nicht von Ungefähr, dass er zum Patron der Humoristen erklärt wurde.

In Florenz geboren, machte er sich nach einigen Zwischenstationen nach Rom auf, wo er sein ganzes Leben verbracht hat. 15 Päpste hat er im Rom des 16. Jahrhunderts überlebt; sie konnten auf keine lange Regierungszeit zurückblicken, während er selbst erst mit 80 Jahren verstarb. Anfangs war er als Hauslehrer tätig, ging aber auch hinaus auf die Straßen und Plätze Roms und sprach mit den Menschen und spielte mit den Kindern. Er begann so etwas wie eine Straßenmission, die damals unüblich war. Die Nächte verbrachte er oft in den Kirchen, wo er stundenlang vor dem Allerheiligsten betete. Immer wieder besuchte er die Katakomben der Stadt. In dieser Zeit wurden ihm auch Visionen zuteil, was ihm peinlich war. Erst spät empfing er die Priesterweihe. Sein geheimer Wunsch war, als Missionar nach Indien aufzubrechen. Aber sein Beichtvater verwies ihn auf Rom: »Bleib hier, Philipp. Dein Indien ist in Rom.«

Hier wurde er zum »Apostel Roms«. Das Volk und auch die Vornehmen zeigten eine immer größere Verehrung für ihn. Schon bald wurde er päpstlicher Berater und Beichtvater vieler Kardinäle. Die ihm angebotene Kardinalswürde wies er mehrmals zurück. Zusammen mit einigen Gefährten gründete er einen eigenen neuen Orden, das »Oratorium«, dessen erster Prior er wurde. Schon bald wurde es vom Papst anerkannt. Einer seiner bedeutendsten Mitglieder war der selige John Henry Kardinal Newman. Auch in Deutschland gibt es heute Oratorianer, die vor allem im Bildungswesen tätig sind.

Das ist aber nur die eine Seite dieses Heiligen. Er zeigt auch eine andere Seite, die uns auf den ersten Blick ein wenig befremden mag. So machte er Witze über sich selbst, Witze über den Papst und die Kardinäle. Er fühlte sich in dem verweltlichten Rom als »Narr Gottes« und gefiel sich in dieser Rolle. Eines Tages stolzierte er, als Kardinal verkleidet, durch Rom mit einem Gefolge von Straßenjungen, die ihm johlend die Schleppe hielten. Eine Anekdote veranschaulicht das sonderliche Verhalten des »lachenden Heiligen«: Eine adlige Dame hatte die Gewohnheit, nach Empfang der Kommunion die Kirche zu verlassen. Der Heilige trug den Ministranten auf, der Davoneilenden mit brennenden Kerzen zu folgen. Die Dame fragte nach dem Grund dieser ungewöhnlichen Begleitung. Philipp erklärte ihr:

»Principessa haben gerade den Leib Christi empfangen. Noch ist er nicht vergangen. Zu den Vorschriften der Kirche gehört: Das allerheiligste Sakrament muss mit Kerzen begleitet werden, wenn man es über die Straße trägt. Deshalb schickte ich die Kerzenträger nach.«

Dieses unkonventionelle Verhalten gefiel den Bürgern Roms. Einen Heiligen mit Witz und Humor, das hatten sie nicht alle Tage. Zu ungewöhnlich war diese Mischung. Einen »lachenden Heiligen« mochten sie. Aber nicht allen gefiel das Auftreten des Narren in Christus. Mehrfach musste er sich vor der päpstlichen Inquisitionsbehörde verantworten, aber jedes Mal blieb er ungeschoren. Er bediente sich höchst unkonventioneller Methoden, die aber wirksam waren. Als im Jahre 1595 Papst Klemens VIII. schwer an Gicht erkrankt, wird Philipp in den Vatikan gerufen. Stundenlang hält er die Hand des Papstes. Als das alles nicht hilft, steigt der 80-Jährige kurzerhand zum Papst ins Bett und legt sich keuchend dem Heiligen Vater auf die Brust. Von Stund an ist der Papst wunderbar geheilt. Noch mehrere spektakuläre Wunder hatte er schon zu Lebzeiten gewirkt. Das beschleunigte den Heiligsprechungsprozess, der nicht einmal 17 Jahre dauern sollte. Sein Lebensmotto lautete: »Der wahre Weg, um in heiliger Tugend voranzuschreiten, besteht darin, in heiliger Fröhlichkeit zu verharren.«

Könnte das Beispiel des »humorvollen Heiligen« nicht auch uns Christen anstecken? Denn in puncto Fröhlichkeit haben wir noch erheblichen Nachholbedarf. Friedrich Nietzsche hat einmal beklagt: »Erlöster müssten die Erlösten aussehen!« Viele Christen laufen in der Tat mit einem Trauergesicht herum, ihnen kann man nicht ablesen, dass sie erlöst sind und Grund zur Freude haben. Dazu ruft uns aber der Völkerapostel Paulus auf, wenn er sagt. »Freut euch und wiederum sage ich euch: Freut euch; denn der Herr ist nahe.« Die Nähe Gottes in Jesus Christus ist der Grund unserer Freude. Wir wissen, dass Gott uns nicht fern, sondern unser Wegbegleiter ist, dass wir in ihm geborgen sind. Freude ist mehr als Jux und Tollerei, wie sie beim Karneval verbreitet ist, sie ist eine Grundstimmung des Lebens, die trotz allem Leid und Elend letztlich einem tieferen Sinn vertraut, der all unser Verstehen übersteigt. Sie ist nicht von Menschenart, sondern wir verdanken sie dem Gott Jesu Christi.

Wenn Bewohner der sog. Dritten Welt Deutschland besuchen, dann sind sie immer wieder überrascht, wie wenig Freude unsere Gottesdienste ausstrahlen, sie gleichen eher Trauergottesdiensten. Das sind sie von zu Hause nicht gewohnt. Ihren Gottesdiensten spürt man die Freude am Erlöstsein an, sie geben dieser Freude auch lautstark Ausdruck. Hier schämt sich keiner, wenn er in Lachen ausbricht. Sie feiern ihr Gotteslob mit allen Sinnen. Das Klatschen, das in unseren Kirchen erst in jüngster Zeit heimisch geworden, einigen aber immer noch nicht ganz geheuer ist, gehört auch dazu. Es macht ihnen nichts aus, wenn das Gotteslob ein bis zwei Stunden dauert. Dafür nehmen sie lange Fußmärsche in Kauf. Sie brauchen das gemeinschaftliche Feiern des Gottesdienstes.

Im Barock gab es einen eigentümlichen Brauch, das sog. Osterlachen, das in einigen süddeutschen Pfarreien wieder neu auflebt. Am Ostermorgen musste der Geistliche so lange Witze erzählen, bis die Gemeinde in ein schallendes Gelächter ausgebrochen war. Ein Beispiel: Am Ostermorgen predigte der Geistliche über die Emmausjünger. Dabei fiel sein Blick auf ein Gemeindemitglied, das auf der Orgelempore dem Kirchenschlaf nachging. Auf einmal rief der Prediger laut aus: »Es brennt, es brennt!« Worauf der Schläfer erwachte und fragte: »Wo?« Die Antwort war: »In den Herzen der Jünger.« Damit sollte der

Teufel endgültig vertrieben werden. Erst als diese Witze immer mehr unter die Gürtellinie gingen, wurde dieser Brauch abgeschafft.

Laufen wir also nicht wie Trauerklöße herum, die unter der Last des Lebens zusammenzubrechen drohen, sondern gehen wir aufrecht wie die »Erstbefreiten der Schöpfung«, die sich an ihrem Befreitsein erfreuen und andere damit anstecken wollen. Wir haben Grund zur Freude und sollen ihr Ausdruck verleihen.

Papst Franziskus hat in seiner Ansprache vor den Mitgliedern der römischen Kurie Ende 2014 15 Krankheiten aufgezeigt, die nicht nur in der Kurie anzutreffen sind, sondern auch uns betreffen können. Unter anderem geißelte er »die Krankheit der Totengräbermine, das ist die Krankheit der Griesgrämigen und Mürrischen, die meinen, um ernst zu sein, müsse man ein schwermütiges, strenges Gesicht aufsetzen und andere – vor allem jene, die man für niedriger gestellt hält – mit Strenge, Härte und Arroganz behandeln ... Der Apostel muss sich bemühen, ein höflicher, gelassener, begeisterter und fröhlicher Mensch zu sein, der überall Freude verbreitet. Ein gottvolles Herz ist ein glückliches Herz, das ausstrahlt und alle um sich herum mit Freude ansteckt ...« Dabei erinnerte er an das Gebet des heiligen Thomas Morus: »Herr, schenke mir Sinn für Humor. Gib mir die Gnade, einen Scherz zu verstehen, damit ich ein wenig Glück kenne im Leben und anderen davon mitteile.« Der Papst fügte hinzu, er bete es täglich und es tue ihm gut. Tun wir es ihm nach!

Vertiefende Literatur:

H. C. Zander, Die emanzipierte Nonne und mehrere Portraits von heiligen Individualisten, Stuttgart 1991, hier 9–26

John Henry Newman (1801–1890)

In der Nacht vom 8. auf den 9. November 1845 bat John Henry Newman, der frühere akademische Leiter des Oriel-Kollegs in Oxford, den auf der Durchreise befindlichen italienischen Pater D. Barberi um die Aufnahme in die katholische Kirche. Es entsprach seiner Bescheidenheit, dass er aus diesem Ereignis kein großes Kapital geschlagen hat. Daher diese »Nacht- und Nebelaktion«, die das anglikanische England in Aufregung versetzte. Denn dieser Schritt wirkte wie ein Paukenschlag. Newman war ein höchst angesehener anglikanischer Theologe, wenn nicht sogar der führende unter ihnen.

Wie kam es zu diesem Schritt? Bei intensiven Studien der Kirchenväter überkam Newman die überraschende Erkenntnis, dass die römische Kirche mit der Kirche der Väter identisch sei. »Die Väter haben mich katholisch gemacht«, bekannte er. Sein Gewissen, das er als höchsten Maßstab der Erkenntnis erachtete, bewog ihn zu diesem spektakulären Schritt. Der bedeutete für ihn, dass sich viele freundschaftliche und familiäre Bindungen lösten und dass er Mitglied einer kleinen Minderheitenkirche wurde, die vor allem aus eingewanderten irischen Einwandern ohne große Bildung bestand, deren Bischöfe päpstlicher als der Papst in Rom waren. Er wurde keineswegs mit offenen Armen empfangen, wie man vermuten sollte. Er galt in Rom als liberaler und unzuverlässiger Katholik. Entsprechend wurde er auch behandelt. Seine Lehre vom »Glaubenssinn des gläubigen Volkes« und von der Mitbeteiligung der Laien an Entscheidungen in der Kirche trafen auf vehementen Widerstand. Man stellte ihn unter Häresieverdacht. Das Gleiche galt auch für seine Bemühungen um die Anhebung des Bildungsniveaus der Katholiken. »Von Anfang an ist Bildung … meine Grundrichtung gewesen«, bekannte er. Für die katholischen Bischöfe waren ungebildete Gläubige leichter zu leiten, daher waren sie an der Bildung ihrer Gläubigen nicht sonderlich interessiert.

Hier erwies es sich wieder einmal, wie schwer es Reformer in unserer Kirche zu allen Zeiten haben! Heute ist es nicht anders. Sie müssen dicke Bretter bohren, wollen sie Erfolg haben, und vor allem unendlich viel Geduld aufbringen. Newman betrachtete diese erste Zeit in der katholischen Kirche als »Leben unter der Wolke«. Andere, die nicht die Demut und Bescheidenheit des Seligen hatten, hätten längst dieser Kirche den Rücken gekehrt oder sich in den Schmollwinkel zurückgezogen. Newman reagierte aber nicht so. Für ihn war die römische Kirche seine Heimat, und er hat seinen Schritt nie bereut. »Als Katholik«, sagte er einmal, »sei sein Leben kümmerlich, aber nicht meine Religion«. So diente er ihr weiter mit seinen großen Geistesgaben, vor allem durch seine Predigttätigkeit.

Als ein Anglikaner die Ehrlichkeit der katholischen Kirche und insbesondere die Newmans bezweifelte, sah er sich herausgefordert. Er schilderte ausführlich seinen Glaubensweg, insbesondere, warum er »Verwandtschaft und Vaterhaus verließ«. Diese Art Rechenschaftsbericht war literarisch und theologisch ein Meisterwerk und ist bis heute in England weit verbreitet und wird viel gelesen. Sie steht in einer Reihe mit den »Confessiones« des heiligen Augustinus. Viele Anglikaner fanden über die Lektüre dieser »Apologie meines Lebens« den Weg in die katholische Kirche. Jetzt erhielt Newman vor allem auch den verdienten Beifall von Seiten der katholischen Kleriker, zu deren Fürsprecher er sich gemacht hatte. In diesem Buch bringt

Newman seine Überzeugung zum Ausdruck, »dass der Herr der Kirche ihr den Erhalt verheißen hat, und dass sie auch in den unreligiösesten und atheistischsten Zeiten überleben wird«. Aus diesen Worten spricht ein unangefochtener Glaube und eine Hoffnung wider alle Hoffnung. Nicht viele gegenwärtige katholische Theologen sind zu einem solchen Bekenntnis bereit und fähig. Wir bräuchten heute viele solcher Zeugnisse.

Die Wolke hatte sich aber erst vollkommen verzogen, als Papst Leo XIII. Newman zum Kardinal der römisch-katholischen Kirche erhob. Er war ein Bewunderer der Theologie des Konvertiten und bezeichnete ihn als »meinen Kardinal«, eine seltene Auszeichnung. Als Wahlspruch wählte Newman ein Wort von Franz von Sales: »Das Herz spricht zum Herzen.« Demütig, wie er war, bat er den Papst um Dispens von der erforderlichen Bischofsweihe angesichts seines hohen Alters. Diese Bitte wurde ihm gewährt. Als er nach England zurückkehrte, wurde ihm ein triumphaler Empfang zuteil, was Balsam für seine Seele war. Wenige Monate später verstarb er. Sein Grabspruch lautet: »Aus Schatten und Bildern zur Wahrheit«. Es hat lange gedauert, bis sein Seligsprechungsprozess zum Erfolg führte. Hundert Jahre! Papst Benedikt, auch ein großer Bewunderer des englischen Theologen, mit dem ihn vieles als Theologe verbindet, nahm diesen Akt während seines Englandbesuches persönlich vor. Normalerweise fällt heute eine Seligsprechung in den Kompetenzbereich des Ortsbischofs. Der Papst wollte ihm auf diese Weise seine Ehrerbietung und Anerkennung erweisen.

Kardinal Newman war seiner Zeit weit voraus, und das war ihm auch bewusst. So stellte er hellsichtig fest: »Ich schreibe für die aktiven Geister späterer Generationen. Und wahrscheinlich wird man in 100 Jahren sehen, dass das, was ich wollte, wirklich richtig und vernünftig war.« Diese »aktiven Geister« haben auf dem II. Vatikanischen Konzil Newmans Gedanken aufgegriffen und zur allgemeinen Lehre der Kirche erklärt. Kein Theologe wurde auf dieser Bischofsversammlung so häufig zitiert wie der englische Kardinal. So kann man Newman zu den prophetischen Denkern der katholischen Kirche zählen.

Newmans Bedeutung erschöpft sich aber nicht in seinen Beiträgen zur Theologie. Er hat auch als Religionsphilosoph Bedeutendes geleistet. Wir verdanken ihm eine tiefgründige Analyse des Gewissens, das für ihn nicht das moralische Über-Ich darstellt, wie Freud behauptet hat, sondern »der ursprüngliche Statthalter Christi, ein Prophet in seinen Mahnungen« ist. »Das Gewissen ist der Bote Gottes.« Auch diesen Gedanken hat das Konzil aufgegriffen und sich zu eigen gemacht. Leider hat seine Religionsphilosophie bis heute nicht die ihr gebührende Anerkennung und Verbreitung gefunden. Hier liegt noch ein weitgehend unerforschtes Terrain vor.

Schließlich ist Newman auch als Dichter hervorgetreten. Das bedeutendste Produkt seines literarischen Schaffens ist das Drama »Der Traum des Gerontius«, das der englische Komponist Edward Elgar kongenial vertont hat. Es zählt in der angelsächsischen Welt neben Händels Messias zu den meist gespielten geistlichen Werken bis heute. Auch hat er eine Vielzahl geistlicher Gedichte verfasst. Das schönste, herzbewegende Gedicht hat er auf einer stürmischen Überfahrt nach Sizilien gedichtet, und es hat auch Aufnahme in das anglikanische Gebetbuch gefunden. Es trägt die Überschrift »Die Wolkensäule« und lautet:

Leit, liebes Licht, inmitten Dunkelheit,
Leit Du mich an.
Die Nacht ist tief, ich bin von Hause weit,
Leit Du mich an.
Führ Du den Fuß, und denke nicht, ich such'
Das ferne Ziel; ein Schritt ist mir genug.

Nicht immer war ich so, dass ich Dich bat:
Du leit mich an.
Selbst wollte ich wählen, seh'n den Pfad.
Jetzt leit mich an.
Ich wollte glänzen stets; der Angst zum Spott.
Beherrschte mich der Stolz: vergiss es, Gott.

Wirst sicher wie seit je durch Deine Macht
Mich leiten an;
Durch Moor, auf Fels, durch Wildbach bis die Nacht
Zu Ende dann,
Bis ich am Morgen jene Engel grüß',
Die ich schon früh geliebt und doch verließ.

Vertiefende Literatur:

G. Biemer/J. D. Holmes, Leben als Ringen um die Wahrheit. Ein
Newman-Lesebuch, Mainz 1994

Florence Nightingale (1820–1910)

Pionierin der modernen Krankenpflege und Reformerin
des Sanitätswesens

Wenn heute bei uns einer krank wird und ein Krankenhaus aufsuchen muss, dann kann er davon ausgehen, dass er sich dort in die Hände von akademisch gebildeten Ärzten und professionell ausgebildeten Pflegepersonen begibt. Dies war keineswegs immer so. Zu Beginn des Mittelalters lag die Betreuung der Kranken in den Händen der Ordensgemeinschaften, die in Hospitälern die Kranken an Leib und Seele betreuten. Sie nannten die Krankenhäuser »Hôtel-Dieu«, Hotel Gottes. Später ging dann die Betreuung der Kranken auf den Staat über, der dafür ein staatliches Gesundheitswesen entwickelt hat. In diesem Rahmen existieren auch heute noch viele Krankenhäuser in kirchlicher Trägerschaft, die sich gegenwärtig großer Beliebtheit erfreuen, ähnlich wie die kirchlichen Schulen. Aber der Weg dahin war steinig und mühselig, vor allem die Ausbildung des Pflegepersonals steckte noch in den Kinderschuhen.

Besonders in England war die Situation besorgniserregend. Wer hier in der Mitte des 19. Jahrhunderts erkrankte, wurde in der Regel zu Hause gepflegt. Britische Krankenhäuser waren lediglich Wohlfahrtseinrichtungen für die Bedürftigen, die hier kostenlos behandelt wurden. Aber nicht alle Kranken fanden hier Aufnahme: Tuberkulose-, Pocken- oder Krebskranke sowie Gebärende wurden nicht aufgenommen. Besonders schlecht angesehen war damals der Pflegeberuf. Er lag in den Händen von ehemaligen Dienstboten oder Witwen, die keine andere Anstellung fanden. Nicht besser war das Ansehen der Krankenpflege-

171

rinnen, die Kranke in deren Häusern pflegten. Viele verrichteten ihren Dienst in einem alkoholisierten Zustand, was damals gängige Praxis war. Denn zum Dank für ihren pflegerischen Dienst erhielten sie alkoholische Getränke. Krankenpflegerinnen, die nachts ihren Dienst verrichteten, standen im Ruf, die sexuellen Wünsche ihrer Kranken zu erfüllen. In dieser Situation trat eine mutige, entschlussfreudige Engländerin auf den Plan, die das staatliche Gesundheitsweisen, besonders auf dem Gebiet der Pflege, revolutionierte, eine historische Tat.

Ihr Name: Florence Nightingale, aufgewachsen in wohlhabenden Verhältnissen in England und auf vielen Reisen im Ausland. Ihr Vorname wurde in Anlehnung an ihren Geburtsort in Florenz gewählt. Ihre betuchten Eltern betreuten kranke Dorfbewohner in ihrer Nachbarschaft. Hier sammelte die junge Florence ihre ersten Erfahrungen in der Krankenpflege. Insofern haben sie unbewusst ihrer Tochter den Weg in ihre künftige Berufung geebnet. Mit 18 Jahren hatte sie ein besonderes Erlebnis. Sie schrieb in ihr Tagebuch: »Gott sprach zu mir und rief mich in seinen Dienst.« Aber zu welchem Dienst er sie rief, sagte er ihr nicht. Auch in späteren Lebensphasen vernahm sie den Ruf Gottes. Sie empfand ihr Leben als Tochter aus gutem Hause als sinnlos und banal.

Immer deutlicher wurde Florence, dass sie ihr Leben den Kranken widmen sollte. Ausschlaggebend dafür war die Begegnung mit einem amerikanischen Arzt, der sie auf das Beispiel der katholischen Nonnen der Pflegeorden in den USA hinwies. Er bestärkte sie in ihrem Entschluss für die Krankenpflege. Aber erst einmal musste sie den hartnäckigen Widerstand ihrer Familie überwinden; denn die Ausübung der Krankenpflege kam einem sozialen Abstieg gleich. Er sagte zu ihr. »Meine liebe Miss Florence ... gehen Sie diesen Weg, wenn Sie für diese

Art zu leben eine Berufung fühlen. Handeln Sie entsprechend Ihrer Eingebung und Sie werden herausfinden, dass nichts Unpassendes oder Undamenhaftes daran sein wird, wenn sie Ihre Pflicht zum Nutzen anderer tun.« Ungeachtet des Widerstandes ihrer Familie besichtigte sie verschiedene Krankenhäuser während eines Romaufenthaltes und später in Paris. Sie machte für drei Monate ein Praktikum in der evangelischen Kaiserswerther Diakonie in der Pflege von Kranken und Alten. Endlich gaben ihre Eltern nach. Mit ihrer Hartnäckigkeit hatte sie sich durchgesetzt.

Florence erhielt das Angebot, in London ein kleines Pflegeheim zu leiten, und nahm es an. Ihre ersten weitreichenden Erfahrungen sammelte sie dann aber im Krimkrieg (1854–1856), in den sie mit 38 Pflegekräften zog, eigentlich ein viel zu kleines Kontingent für die gewaltige Aufgabe, die dort auf sie wartete. Trotz zahlreicher bürokratischer Hindernisse organisierte sie den gesamten Aufbau einer pflegerischen Versorgungsstruktur. Die katastrophalen Zustände im gesundheitlichen Versorgungssystem der Briten veranlasste sie zu Eingaben an die Behörden, in denen sie umfassende Reformmaßnahmen vorschlug. Des Nachts besuchte sie mit einer Lampe die kranken Soldaten auf den Stationen der Lazarette. Von daher rührt ihr Beiname »die Dame mit der Lampe«. Das war fortan ihr Markenzeichen. Berichte von ihrem Einsatz auf der Krim gelangten auch nach England und begründeten ihren Ruhm als Reformerin des Pflegeberufes. Die englische Presse verlieh ihr den Ehrentitel »Engel der Barmherzigkeit«.

Nur noch Königin Victoria übertraf Florence Nightingale daheim an Berühmtheit. Gesundheitlich angegriffen durch ihre Arbeitsüberlastung, kehrte sie ins Königreich zurück. Seitdem führte sie das Leben einer Invalidin, die in der Öffentlichkeit nicht mehr in Erscheinung trat. Fortan verlagerte sie ihre Tätigkeit auf Eingaben zur Reform der Krankenpflege und grundsätzliche Überlegungen zur Reform der Ausbildung der Pflegekräfte, die auch im Ausland starke Beachtung fanden, bis hin zu den USA. Ihr Hauptwerk sind ihre »Anmerkungen zu Krankenhäusern«, das in mehreren Auflagen erschien. Darin empfahl sie u. a. die Einrichtung von Krankenhäusern im Pavillonstil, wie sie diesen in Frankreich begegnet war. Darüber hinaus veröffentlichte sie Betrachtungen zum Beruf der Krankenpflege. Diese wurden in England zu einem Bestseller, obwohl sie nur 76 Seiten umfassten. Sie sammelte Daten über den Krankheits- und Pflegestand und analysierte sie, um daraus Schlüsse zu ziehen. Hier kam ihr ihre große mathematische Begabung zugute. Ein wesentliches Hilfsmittel waren Fragebögen. Ihre Leistung bestand in der Reform des britischen Sanitätswesens, u. a. des militärischen Gesundheitswesens. 1860 wurde die erste Krankenhauspflegeschule »Nightingale School« nach ihren Vorstellungen in London eröffnet. Sie wurde international zum Modell und führte zur Gründung von Schwesternschulen in anderen Ländern. Ein Ausbildungskrankenhaus wurde 1871 errichtet. Schon bald stellte man eine Verbesserung der Ausbildung des pflegerischen Personals fest, so dass andere Krankenhäuser sich gezwungen sahen nachzuziehen. Auf diesem Wege machte sie die Krankenpflege zum Lehrberuf.

Schließlich widmete sie sich auch noch der Reform der Armenfürsorge, die damals im Argen lag. All diese hilfreichen Initiativen hätte sie nicht ohne die Unterstützung von ihr wohlgesonnenen Politikern ergreifen können, deren Bekanntschaft sie oft ihrem angesehenen Elternhaus verdankte. Ihre letzten Lebensjahre waren dadurch überschattet, dass sie nur noch unter großen Schwierigkeiten lesen und schreiben konnte und weitge-

Florence Nightingale (1820–1910)

hend ans Krankenbett gebunden war. Mit 90 Jahren endete ihr irdisches, mit reichen Früchten gesegnetes Leben.

Wer ist nun diese eigenwillige und selbstbewusste Frau, die so vieles angestoßen hat und zur Reformerin des englischen Krankenpflegewesens geworden ist? Obgleich aus reichen Verhältnissen stammend, hat sie sich ganz in den Dienst der Kranken und Armen gestellt. Von einem ihrer Biographen wird sie als überaus hartnäckig, ungeduldig und wenig tolerant gegenüber Widerspruch geschildert. Auf der anderen Seite war sie ungewöhnlich bescheiden und entzog sich, wo sie nur konnte, dem öffentlichen Lob. Zu ihrer Mutter und einzigen Schwester unterhielt sie ein angespanntes Verhältnis. Die Frauenbewegung versuchte, sie für sich zu vereinnahmen. Aber dieser Versuch scheiterte schon an ihrem Widerstand gegen die Zulassung von Frauen zum Ärzteberuf, obwohl sie selbst in ihren letzten Lebensjahren von zwei Ärztinnen betreut worden war.

Wie weit wurde ihr aufopferungsvolles Dasein im Dienst der Armen und Schwachen aus christlichen Wurzeln gespeist? Diese Frage ist nicht so einfach und eindeutig zu beantworten, was nicht zuletzt mit ihrer eigenen religiösen Erziehung zusammenhängt. Sie ist gemäß elterlicher Erziehung in die anglikanische Kirche hineingetauft worden. Ihre Eltern praktizierten einen undogmatischen, liberalen christlichen Glauben, der das Schwergewicht auf ein Christentum der Tat legte, also auf ein caritatives Engagement im Dienst des Nächsten, der in Not und Elend geraten war und der Hilfe von Seiten des Reichen brauchte. Dem Dienst an der Gemeinschaft wurde große Bedeutung beigemessen und so auch der Tochter vorgelebt. Florence hat ihren Dienst zum Wohle des Nächsten damit begründet, dass wir alle Brüder und Schwestern sind, und daher gebiete es der Glaube, sich dem Nächsten im Geiste des barmherzigen

Samariters zuzuwenden. Was sie in ihrem caritativen Einsatz antrieb, waren göttliche Eingebungen, denn sie lebte in einer engen Gottesbeziehung: »Du weißt, o Gott, all diese grässlichen 20 Jahre hindurch hielt mich der Glaube aufrecht, dass ich mit Dir arbeite, der Du alle, selbst unsere armen Pflegerinnen, zur Vollendung führst.« So hat sie das christliche Dasein für andere gelebt und ist uns darin ein nachahmenswertes Beispiel geworden. Die evangelische Kirche in Deutschland ehrt das Andenken an Florence Nightingale am 14. August. Ihre Person hat auch Aufnahme in den Ökumenischen Heiligenkalender gefunden. So gesehen dürfen wir sie als eine exemplarische Christin betrachten, die unseren Blick auf die Not und das Elend großer Bevölkerungsschichten lenkt und uns zum Handeln auffordert.

Vertiefende Literatur:

W. Färber, Wer war Florence Nightingale? Leipzig 1990

Ruth Pfau (1929)

»Der Engel von Karachi«

Wenn heute eine junge Frau oder ein junger Mann den Wunsch äußert, in einen Orden bzw. in ein Kloster einzutreten, dann stoßen sie in der Mehrzahl der Fälle auf Unverständnis und Ablehnung. Früher empfanden es Eltern als eine Auszeichnung, wenn ihr Sohn, ihre Tochter dieses Wagnis auf sich nahmen. Heute raten sie ihnen eher davon ab. Man wirft ihnen vor, sie wollten der Welt entfliehen und sich in die Geborgenheit der klösterlichen Gemeinschaft begeben. Sie erblicken darin eine Flucht aus der Welt, aus der Verantwortung für die Gestaltung der Welt. Wie wenig berechtigt ein solch weit verbreiteter Vorwurf ist, zeigt der Lebenslauf der Ärztin und Ordensschwester Ruth Pfau, die sich um die Bekämpfung der Lepra in Pakistan und Afghanistan große Verdienste erworben hat. Diese fanden auch durch die Verleihung vieler Ehrungen öffentliche Anerkennung.

Bis dahin war es aber ein weiter Weg; denn es war ihr keineswegs in die Wiege gelegt, dass sie einmal als katholische Ordensschwester in einem fremden Land so viel in Bewegung setzen würde. Sie wuchs heran in einer Familie in Leipzig, deren Eltern einer protestantischen Freikirche angehörten. Diese lehnte die Kindertaufe ab, und so kam es, dass sie als Kind und Jugendliche noch ungetauft war. »Als ich aus der Schule kam, hatte ich die Religion bereits abgelegt.« Sie war »einseitig intellektuell ausgerichtet«. Im Westen studierte sie Medizin. Aber das genügte ihr nicht, sie wollte mehr. Sie kommentierte ihre Einstellung mit den Worten: »Ich werde es in meiner Endlichkeit nicht aushalten, ich werde nie ein rein wissenschaftlich bestimmter Mensch sein können, der schon glücklich ist, wenn er etwas messen und in diesem Sinne verstehen kann.« Sie war auf der Suche nach dem Eigentlichen, dem Unendlichen, Ewigen.

Diese Suche fand anfangs in der evangelischen Kirche ihre Befriedigung, doch letztlich fand sie in der katholischen Kirche ihre bleibende Heimat. Immer waren es bei dieser Suchbewegung Kommilitonen, die ihr den Weg ebneten. Ihr begegnete das Transzendente in Gestalt von gläubigen Kommilitonen. Hier zeichnet sich schon eine zentrale Wahrheit im Leben von Ruth Pfau ab, sie kann nur leben in der Beziehung zu einem Du, wobei dieses Du ein menschlicher Partner sein kann, aber auch das ewige Du Gottes, den sie sich nur personal vorstellen kann. »Liebe ereignet sich nur in der Beziehung« war ein Grundsatz ihres Lebens.

Einmal aufgenommen in die katholische Kirche, setzt Ruth Pfau alles auf eine Karte und tritt in einen Orden ein. Es handelt sich dabei um die Kongregation der »Gesellschaft der Töchter vom Herzen Mariä« mit Hauptsitz in Paris. Diese kennt keine Klausur und auch kein Ordensgewand, die Schwestern leben in einer säkularen Umgebung und gehen ihrem Beruf nach. Sie konnte also als Ärztin weiterhin tätig sein. Der Orden sandte sie nach dem vorgeschriebenen kanonischen Jahr nach Indien, wo sie aber nie ankam. Denn sie machte einen Zwischenstopp in Karachi wegen Schwierigkeiten mit dem Visum – und blieb hier für mehr als 50 Jahre. In Karachi fand die für ihr weiteres Leben wegweisende Begegnung statt.

Ihr Schlüsselerlebnis: 1947 wurde das Medikament entdeckt, mit dessen Hilfe man die Lepra bekämpfen konnte. Aber das hatte sich in Karachi noch nicht herumgesprochen. Infolgedessen wurden die Leprösen nicht behandelt, sondern blieben ihrem Schicksal überlassen. Sie waren zum Tod verurteilt. Noch im selben Jahr traf Ruth Pfau hinter dem Hauptbahnhof von Karachi in einem Slum auf ein Lepracamp aussätziger Bettler. Ihr Blick fiel auf einen 30-Jährigen, der auf allen Vieren kroch und der seine Krankheit in dumpfer Resignation akzeptierte. Dagegen empörte sie sich und sagte: »Ich wusste plötzlich: Hier, hier musste es geschehen. Wie? Gleichgültig jetzt … es war, wie wenn man seine große Liebe trifft ein und für alle Mal.« Sie begann mit einer Mitschwester in einer Bretterbude mit der Behandlung der Leprakranken. Sie hatten keinen Operationssaal, kein Labor, nur eine Bretterbude und eine Handvoll Medikamente. Aber die Menschen spürten: Da ist jemand, der sich ihrer Not annimmt. Sie beschloss, ein Krankenhaus zur Bekämpfung der Lepra zu erbauen, das »Marie Adelaide Leprosy Centre«, das in ganz Pakistan anerkannt ist. Sie hat die Leitung erst 2013 abgegeben.

Ruth Pfaus Tätigkeit beschränkte sich aber nicht auf das Krankenhaus, in dem auch Mitarbeiter für die Leprabekämpfung ausgebildet wurden. Immer wieder brach sie auf in Berggegenden, wohin nie ein ärztliches Team gelangt war. Dabei war sie bereit, Mühen, Entbehrungen, ja Todesgefahr auf sich zu nehmen, weil nur so den von der Zivilisation abgeschnittenen Menschen geholfen werden konnte. Ihr leidenschaftlicher Einsatz für die Leprakranken fand auch von staatlicher Seite die gebührende Anerkennung. 1980 wurde sie zur nationalen Beraterin im Rang einer Staatssekretärin für das Lepra- und Tuberkulose-Kontrollprogramm der pakistanischen Regierung ernannt. 1996 war die Lepra in Pakistan unter Kontrolle, ein Verdienst dieser kleinen Ordensfrau und Ärztin.

Im Laufe der Zeit dehnte sie ihre ärztliche Tätigkeit über Pakistan aus und drang mit ihrem Team nach Afghanistan vor.

Das war damals eine heikle Angelegenheit angesichts der russischen Invasion, die auf erbitterten Widerstand der Mudschahedin stieß. Anschaulich schildert sie in ihrer Autobiographie, was sie alles auf sich genommen hat, um in diesem zerklüfteten Land Hilfe zu leisten. Anfangs war sie illegal nach Afghanistan eingereist, »einem vom Alptraum des Krieges zerfleischten Land«. Sie schreibt: »Als ich wieder nach Afghanistan fuhr, war mir merkwürdig flau zumute. Kein Geleitschutz der Mudschahedin diesmal, kein eigener Wagen …« Ihre Sorge galt den Menschen, die unter den Kriegswirren zu leiden hatten. Menschen starben, weil die Infrastrukturen des Landes zusammengebrochen waren. Sie begibt sich mit ihren einheimischen Mitarbeitern in die abgelegenen Bergregionen und setzt dabei ihr eigenes Leben aufs Spiel. Sie handelt nach der mystischen Ethik des Chassidismus: »Wer ein Leben rettet, rettet die ganze Welt.«

Immer wieder wurde Ruth Pfau zu Hause gefragt, warum sie dies alles auf sich genommen habe, wo es doch nur ein Tropfen auf den heißen Stein sei. Ihr ist bewusst, dass es keine Patentlösung für die Probleme der Welt gibt. Aber sie glaubt an den »Weg der kleinen Schritte«. »Wir müssen uns nicht die Last der ganzen Welt aufbürden. Und trotzdem sich dem Ruf der Verantwortung immer neu und immer ganz konkret stellen.« Was sie angetrieben hat, dieses alles auf sich zu nehmen, sich ganz in den Dienst kranker und hilfsbedürftiger Menschen zu stellen, ist ihr Glaube an die Kraft der Liebe – für sie die entscheidende Tatsache. Jeder Mensch ist so kostbar, dass man dafür alles wagen soll. Und das hat mit ihrem christlichen Glauben zu tun, in dessen Mittelpunkt die menschgewordene Liebe Gottes steht, der uns in seiner Nachfolge zur Nächstenliebe auffordert.

Wer täglich mit dem unbeschreiblichen menschlichen Elend

konfrontiert wird, wer einen Einblick in die Abgründe des menschlichen Herzens wirft, das Kindern und Frauen das Lebensrecht streitig macht, dem stellt sich die Frage nach dem Sinn von Leid. Und Ruth Pfau hat sich immer wieder auf diese bohrende Frage eingelassen. Sie ringt mit der Frage, wie ein Gott, der die Menschen so sehr liebt, dass er ihr Leben und Sterben teilt, das menschliche Leid zulassen kann. Zunächst begnügt sie sich mit dem Gedanken, dass Gott uns Menschen so sehr liebt, dass er uns mit Freiheit ausstattet, von der er weiß, dass der Mensch sie missbrauchen wird. Das Leid ist der Preis der Freiheit mit all ihren Konsequenzen, eine heute weit verbreitete Meinung unter Theologen. Aber nach längerem Nachdenken kann sie sich mit dieser Scheinlösung nicht zufriedengeben. Sie erwartet von Gott, dass er einmal die Warum-Frage beantworten wird, denn erst dann »werden wir den Webteppich von der anderen Seite sehen«. Sie sagt beim Anblick eines sechsjährigen Kindes in Afghanistan, das sie nicht am Leben erhalten konnte, weil sie über keine operativen Möglichkeiten verfügte: »Ich werde dies auf meine eschatologische Liste setzen und ihn fragen: ›Wieso hast du dies zugelassen, du, der du dieses Kind liebst?‹«

Für Ruth Pfau ist das Leiden an sich sinnlos und sie kann Menschen verstehen, die angesichts des Leids von Kindern Gott den Glauben verweigern. Gleichwohl verabschiedet sie sich nicht von Gott, weil sie von seiner Unbegreiflichkeit überzeugt ist und sich am Ende in seinen unerklärlichen Willen fügt. Sie kann diese Haltung einnehmen, weil sie an den Gott glaubt, der in seinem Sohn unseren Leidensweg gegangen ist und sich mit dem Leidenden identifiziert. Darin hat er seine große Liebe zu uns gezeigt, dass er uns bis ans Ende geliebt hat. So erweist Ruth Pfau sich als die große Liebende, die noch im äußersten Leid an dem Gott der Liebe festhält. Dieser Glaube hat sie befähigt, der »Engel von Karachi« zu werden.

Vertiefende Literatur:

R. Pfau, Verrückter kann man gar nicht leben, Freiburg 2013

Ruth Pfau (1929)

Óscar Arnulfo Romero (1917–1980)

Blutzeuge für die Armen und Unterdrückten

Wer mit dem Flugzeug das kleinste mittelamerikanische Land, El Salvador, erreicht, der wird sogleich mit dem Namen eines Mannes konfrontiert, der sich im Kampf um Gerechtigkeit und für die Rechte der Armen hingeopfert hat. Der Flugplatz in San Salvador trägt seinen Namen zum Andenken. Sein Konterfei begegnet dem Reisenden überall auf den Straßen und Häusern des Landes. Sein Name: Óscar Arnulfo Romero, der ermordete Erzbischof von San Salvador. Er wird in diesem Land fast überall als Nationalheiliger verehrt, weil er ihm auf selbstlose Weise gedient hat. Und diesen Dienst hat er ihm als Christ in der Nachfolge des gekreuzigten Christus erwiesen.

Dieser Ausgang seines Lebens als Priester und Bischof war nicht von Anfang an vorgezeichnet. Im Gegenteil, lange Zeit stand Romero auf der anderen Seite, paktierte wie fast alle seine bischöflichen Mitbrüder mit den Mächtigen und Unterdrückern der Armen und Rechtlosen. Ein anderer Bischofsanwärter hätte damals in Rom keine Chance gehabt. Denn zu tief saß die Angst vor der Befreiungstheologie, der man eine Nähe zum Marxismus nachsagte. Romero kam in einem Gebirgsstädtchen an der Grenze von Honduras in einer gläubigen Familie zur Welt, die in bescheidenen Verhältnissen lebte. Er studierte Theologie, anfangs an der Jesuitenuniversität in San Salvador, später in Rom an der Gregoriana-Universität der Jesuiten auf Weisung seines Bischofs, denn dieser hatte seine Begabung erkannt. In Rom wurde er auch zum Priester geweiht. Nach seiner Rückkehr übernahm er eine Pfarrei und betätigte sich als Redakteur konservativer kirchlicher Zeitschriften. Er wurde bald als begnadeter Prediger und Initiator von Laienbewegungen landesweit bekannt. So blieb es nicht aus, dass er von Papst Paul VI. zum Weihbischof von San Salvador und später zum Erzbischof dieser wichtigsten und pastoral fortschrittlichsten Diözese ernannt wurde.

Seine Ernennung zum Erzbischof von San Salvador löste bei der regierenden Militärjunta und den einflussreichen Bevölkerungsschichten große Zufriedenheit aus. Er galt als konservativ und als Gegner der lateinamerikanischen Befreiungstheologie, eine Nähe zum Opus Dei wurde ihm nachgesagt. Anfangs verhielt er sich noch sehr zurückhaltend und nahm nicht Stellung zur explosiven politischen Situation. Damals regte sich schon auf Seiten des unterdrückten Volkes Widerstand, und es kam zu gewalttätigen Auseinandersetzungen zwischen beiden Lagern, auch im Zusammenhang mit Wahlfälschungen. Bei diesen Auseinandersetzungen wurden auch Priester Opfer der Gewalt von Seiten der Sicherheitskräfte. Als dann ein dem Erzbischof befreundeter Jesuitenpater und Befreiungstheologe ermordet wurde, der national und international großes Ansehen genoss, gingen ihm die Augen auf. Er blickte in einen Abgrund von Ungerechtigkeit und Willkür von Seiten der Regierung und entdeckte die tiefe Not und das große Elend der Ärmsten der Armen, und diese bildeten die Mehrheit der Bevölkerung.

Diese Schandtat betrachtete er als den Anstoß zu seiner Bekehrung. Er beschrieb seinen Gesinnungswandel mit den Worten. »Wenn sie ihn für das umgebracht haben, was er getan hat, dann muss ich denselben Weg gehen. Rutilo hat mir die Augen geöffnet.« Er feierte für seinen Freund eine heilige Messe, an der über 100.000 Menschen teilnahmen. In seiner Totenpredigt sagte er: »Wer einen meiner Priester anrührt, der rührt mich an.«

Von da an setzte er sich mit allen seinen Kräften für die unterdrückten und ausgebeuteten Menschen ein, die oft nicht das Lebensnotwendigste besaßen. Er ließ sich auch nicht durch Todesdrohungen von diesem selbstlosen Engagement abhalten. Dabei wurde ihm vorgeworfen, die Kirche würde sich unrechtmäßig in politische Verhältnisse einmischen. Das sei nicht ihre Aufgabe.

Dieser Vorwurf wird auch in unserem Lande erhoben, wenn die Kirchen sich zu sozialen und politischen Fragen zu Wort melden und gemeinsame Stellungnahmen veröffentlichen. Viele Politiker möchten die Kirche am liebsten in die Sakristei verbannen. In ihren Augen ist die Kirche nur für religiöse, spirituelle, also jenseitige Fragen zuständig; das Zusammenleben der Menschen und ihre Verantwortung für die Erde falle nicht in ihren Verantwortungsbereich. Bekannt ist der Ausspruch des sozialdemokratischen Politikers August Bebel (1840–1913): »Der Himmel gehört den Pfaffen, die Erde gehört uns.« Man spricht der Kirche ihre prophetische Funktion ab, die schon die Propheten zum Leidwesen der weltlichen Herrscher im Ersten Testament wahrgenommen haben.

Romero beruft sich in seiner Begründung der Verantwortung der Kirche für das gedeihliche Zusammenleben der Menschen auf das II. Vatikanische Konzil und die Beschlüsse der lateinamerikanischen Bischöfe in Medellin und Puebla. Er schreibt: »Der Welt nicht ins Auge zu sehen, wäre eine Sünde der Kirche gegen ihre eigene Identität.« Besonders fühlt sich die Kirche herausgefordert angesichts der Armen und Rechtlosen, die keine Stimme haben. »Die Kirche würde ihre Liebe zu Gott und ihre Treue zum Evangelium verraten, wenn sie aufhörte, ›die Stimme derer zu sein, die keine Stimme haben‹ – und wenn sie nicht mehr Anwalt der Armen, Ratgeber und humanisierender Förderer jeden legitimen Kampfes für eine auf Gerechtigkeit basierende Gesellschaft sein wollte, die dem wahren Königtum Gottes in dieser Welt den Weg bereitet.«

In diesem Sinne hat er sein Eintreten für die am Rande Stehenden und Hilfsbedürftigen verstanden. Dafür war er bereit, sein Leben hinzugeben. Er erkannte, »dass Neutralität in diesem Punkt unmöglich ist. Entweder dienen wir dem Leben der Salvadorianer, oder wir machen uns mitschuldig an ihrem Tod.« In seiner großen Not und Hilflosigkeit richtete er einen Brief an den amerikanischen Präsidenten Jimmy Carter, er möge verhindern, dass die USA der salvadorianischen Regierung eine Militärhilfe gewährten oder direkt oder indirekt intervenierten. Denn diese Hilfen und Mittel würden das Schicksal des salvadorianischen Volkes gefährden. Er erhielt daraufhin eine positive Reaktion vom amerikanischen Staatssekretär.

Romero war sich bewusst, dass er den Hass der Herrschenden und Besitzenden auf sich gelenkt hatte und dass sie bereit waren, alles in ihrer Macht Stehende einzusetzen, um seine unbequeme Stimme zum Schweigen zu bringen. Mit Hilfe Roms wollte man ihn aus dem Amt entfernen. Mehrere Todesdrohungen hatte er bereits erhalten und ein Attentat auf ihn war gescheitert, weil die Bombe nicht gezündet hatte. Gleichwohl ließ Romero sich dadurch nicht beeindrucken. Vielmehr war er der Ansicht: »Als Christ glaube ich nicht an einen Tod ohne Auferstehung. Wenn sie mich töten, werde ich im Volk von El Salvador wiedererstehen.« Schließlich erreichten seine Gegner ihr Ziel: Während einer Messe in einem Krankenhaus fiel er einem Mordanschlag zum Opfer. Er wurde von einem Major der Militärjunta veranlasst, ausgeführt wurde er von zwei Mitgliedern der sog. »Todesschwadron«. Der Erzbischof hatte gerade die Homilie über eine Stelle aus dem Johannesevangelium beendet: »Wer an seinem Leben hängt, wird es verlieren, wer aber sein Leben in dieser Welt geringschätzt, wird es bewahren bis ins ewige Leben«, als eine Kugel ihn tödlich traf.

Seine Begräbnisfeier versammelte noch einmal ca. 200.000 Menschen, die ihren Vater verloren hatten. In deren Verlauf zielten Scharfschützen auf die Menge, 40 Menschen starben. Dieses Blutbad war der Auftakt zu einem Bürgerkrieg in El Salvador, der von 1980 bis 1992 dauerte und rund 75.000 Todesopfer forderte. Dazu waren die damaligen Machthaber bereit, nur um des Machterhalts wegen.

Rom hatte das unermüdliche und polarisierende Engagement des Erzbischofs mit Argusaugen beobachtet. Mehrmals wurde er nach Rom gerufen zu Gesprächen im Vatikan. Nach seiner letzten Audienz bei Johannes Paul II. kam der Erzbischof aufgelöst heraus und sagte: »Der Mann versteht mich nicht. Er hat von mir verlangt, ich solle mich mit der Militärjunta arrangieren. Ich gehe nicht wieder zu ihm.« Viele Jahre lang hat man in Rom darüber diskutiert, ob Romero aus Glaubensgründen ermordet worden sei oder aus rein politischen Gründen. Erst mit dem Wechsel im Pontifikat zu Papst Franziskus wurde dieser Streit entschieden: Der Papst hat seinen Märtyrerstatus bestätigt, so dass der Weg frei geworden ist für seine Seligsprechung. In Lateinamerika hat man auf diesen Augenblick nicht gewartet, schon nach seinem gewaltsamen Tod wurde er im Lande von den Armen als »Mann Gottes« oder als »unbequemer Märtyrer« verehrt. Wallfahrer aus der ganzen Welt kamen nach San Salvador, um an Romeros Grab in der Kathedrale zu beten. Auch Papst Johannes Paul II. hat bei seinem Besuch in San Salvador drei Jahre nach seiner Ermordung an seinem Grab gebetet. Welche Gedanken mögen ihm dabei wohl in den Sinn gekommen sein?

Seine Seligsprechung am 21. Mai 2015 gestaltete sich zu einem Triumph. »Märtyrer der Liebe«, riefen die Salvadorianer.

Die Feier sprengte den Rahmen einer normalen Seligsprechung: An die 300.000 Menschen, darunter mehr als 200 Bischöfe und 20 Staatsoberhäupter, nahmen daran teil. Rom sandte einen ranghohen Kardinal mit einer Grußbotschaft des Papstes, der den neuen Seligen als »einen der besten Söhne der Kirche« pries. Es war eine eindrucksvolle späte Rehabilitation seines selbstlosen Einsatzes für die Ärmsten der Armen, denen seine ganze Liebe bis zur Hingabe galt. Romero bewegt bis heute die Gemüter der Menschen in Mittel- und Südamerika, weit über die Grenzen des kleinsten der mittelamerikanischen Staaten hinaus.

Vertiefende Literatur:

Ó. A. Romero, Blutzeuge für das Volk Gottes, Olten 1986

Albert Schweitzer (1875–1965)

»Urwalddoktor« und Kämpfer für den Weltfrieden

Albert Schweitzer hatte in wenigen Jahren eine steile akademische Karriere verfolgt. Innerhalb von zwei Jahren wurde er in Philosophie und Theologie promoviert, mit Arbeiten, die später publiziert und eine lebhafte Diskussion auslösten. Zwei Jahre darauf habilitierte er sich und wurde mit 38 Jahren Professor für Evangelische Theologie in Straßburg. Daneben ließ er sich in Straßburg und Paris bei dem berühmten Charles Marie Widor als Organist ausbilden, denn die Orgel hatte ihn schon als Kind fasziniert. Sie sollte ihn sein ganzes Leben, selbst in Lambarene, begleiten. Normalerweise schließt sich an diese breite und erfolgreiche Ausbildung eine glänzende akademische Tätigkeit an, wozu er alle Voraussetzungen erfüllte. Auch als namhafter Organist standen ihm die Kirchen und Konzertsäle offen. Aber damit begnügte er sich nicht, was schon ein Licht auf seinen besonderen Charakter wirft. »Die Lehrtätigkeit an der Universität Straßburg, die Orgelkunst und die Schriftstellerei verließ ich, um als Arzt nach Lambarene zu gehen. Wie kam ich dazu? Ich hatte von dem körperlichen Elende der Eingeborenen des Urwaldes gelesen und durch Missionare davon gehört. Je mehr ich darüber nachdachte, desto unbegreiflicher kam es mir vor, dass wir Europäer uns um die große humanitäre Aufgabe, die sich uns in der Ferne stellt, so wenig bekümmern.«

Ihm kam das Gleichnis von dem reichen Mann und dem armen Lazarus aus dem Evangelium in den Sinn. Wir Europäer sind »der reiche Mann, die wir durch die Fortschritte der Medizin im Besitz vieler Kenntnisse und Mittel gegen Krankheit und Schmerz sind. Das alles nehmen wir als selbstverständlich hin, vergessen aber dabei, dass in den Kolonien der arme Lazarus lebt und leidet, der nicht über diese Mittel verfügt, die ihm helfen könnten.« Er erblickte darin eine humanitäre Aufgabe, aber auch eine Verpflichtung des Christen, dem armen Lazarus beizustehen. Er verstand seinen Einsatz unter den Eingeborenen als Sühne für das kolonialistische Europa, für das Leid, das die Weißen den Farbigen angetan hatten. »Was wir ihnen Gutes erweisen, ist nicht Wohltat, sondern Sühne. Für jeden, der Leid verbreitet, muss einer hinausgehen, der Hilfe bringt.« Dabei hatte er als evangelischer Theologe das Vorbild Jesu vor Augen, der sich der Armen und Leidenden erbarmte. Diese Überlegungen führten ihn dazu, dass er sich entschloss, seine bisherige Karriere aufzugeben und Medizin zu studieren. Er wollte sich als Tropenmediziner ausbilden lassen, um als Missionsarzt in Afrika wirken zu können.

Man stelle sich vor, ein angesehener Theologieprofessor verzichtet nach langem Studium auf seine Lehrerlaubnis und setzt sich mit viel jüngeren Studierenden auf die Bank, um sieben Jahre hindurch zu studieren! Am Ende stand die medizinische Doktorprüfung und damit sein dritter Doktortitel. Sieben seiner besten Jahre hatte er dafür geopfert, um sich für den Einsatz in Französisch-Äquatorialafrika zu qualifizieren. Seine Frau studierte in der gleichen Zeit Krankenpflege. Welch ein selbstloses Engagement für die Menschen, denen Jesu besondere Liebe gilt!

Was ihn in Afrika erwartete, übertraf alle seine Erwartungen. Er musste praktisch bei null anfangen; denn es gab vorher keine medizinische Einrichtung auf der Missionsstation in Lambarene. Hier wirkte er viereinhalb Jahre als »Urwalddoktor«. Mit 70 Kisten medizinischer Ausrüstung begann er seine Tätigkeit in einem zur Arztstation umgewandelten Hühnerstall. Später begann man mit dem Bau eines Spitals. Seine Gehilfen musste Schweitzer erst mühsam ausbilden. Seine ärztliche Hilfe wurde in übergroßem Maße in Anspruch genommen. Er hieß in der Eingeborenensprache Fetischmann. Im Durchschnitt hatte er täglich 30 bis 40 Kranke zu versorgen. Hunderte von Kilometern nahmen die Kranken und ihre Angehörigen auf sich, um vom »Doktor« Hilfe zu erhalten. Denn im Landesinnern befand sich keine medizinische Station. Dreimal insgesamt begab er sich auf eine Reise nach Afrika, um sein Lebenswerk zu sichern und auszubauen. Das von Schweitzer ins Leben gerufene Krankenhaus von Lambarene ist dann in staatliche Hände übergegangen. Jetzt sind auch einheimische Ärzte dort tätig. Erst seit kurzem ist zum ersten Mal ein Einheimischer Direktor des Krankenhauses. Das Haus ist hoch verschuldet; weil die früheren Spenden ausbleiben, droht es zu verfallen.

Sein humanistisches Engagement begründete Albert Schweitzer mit folgenden Worten: »Wenn ich es als meine Lebensaufgabe betrachte, die Sache der Kranken unter fernen Sternen zu verfechten, berufe ich mich auf die Barmherzigkeit, die Jesus und die Religion befehlen. Zugleich aber wende ich mich an das elementare Denken und Vorstellen. Nicht als ein ›gutes Werk‹, sondern als eine unabweisliche Pflicht soll uns das, was unter den Farbigen zu tun ist, erscheinen.«

Bei all seinem eindrucksvollen humanitären Einsatz für die kranken Menschen in Zentralafrika blieb er jedoch Gefangener seiner europäischen Herkunft. So war er der Überzeugung, dass die europäische Zivilisation der afrikanischen überlegen sei. Er konnte sich nicht vorstellen, dass ein Einheimischer als Arzt tätig sein könnte; im Höchstfall billigte er ihm die Tätigkeit eines Krankenpflegers zu. – So darf es uns nicht überraschen, dass er ein Anhänger der Apartheidpolitik war.

Aber das Wirken von Albert Schweitzer beschränkte sich nicht auf seine missionsärztliche Tätigkeit in Zentralafrika, die ihn berühmt gemacht hat. Weitere Aufgabenfelder öffneten sich ihm. Bei einer Flussfahrt auf einem afrikanischen Fluss ging ihm das ethische Prinzip von der »Ehrfurcht vor dem Leben« auf: »Mein Leben trägt einen Sinn in sich selbst. Er liegt darin, dass ich die höchste Idee lebe, die in meinem Willen zum Leben auftritt ... die Idee der Ehrfurcht vor dem Leben.« Sein Grundsatz lautete: »Ich bin Leben, das leben will, inmitten von Leben, das leben will.« Diese Ehrfurcht vor dem Leben gilt in gleicher Weise dem Tier, dem er in Ehrfurcht begegnete. Dieses Mitleid mit dem Tier ist keine Sentimentalität; denn alles Töten ist Grund zur Trauer und Schuld. Diese Schonung der Tiere führte ihn zu einer vegetarischen Ernährung.

In politischer Hinsicht trat er für Pazifismus ein und propagierte die Ächtung des Atomkrieges und eine einseitige Abrüstung. Dieses Plädoyer stieß nicht überall auf Zustimmung und Verständnis. Sein Einsatz für den Völkerfrieden fand die Anerkennung der Weltöffentlichkeit durch die Verleihung des Friedensnobelpreises. Papst Paul VI. würdigte ihn als »edles Beispiel« menschlich-christlicher Brüderlichkeit. So können wir uns nur verneigen vor einem Menschen und Christen, der aus den Impulsen des Evangeliums und der Tradition des Humanismus ein großes Lebenswerk vollbracht hat, das auch uns in die Pflicht nimmt.

Vertiefende Literatur:

A. Schweitzer, Zwischen Wasser und Urwald. Erlebnisse und Beobachtungen eines Arztes im Urwalde Äquatorialafrikas, München 1995

Roger Schutz (1915–2005)

Gründer und Prior der ökumenischen Bruderschaft von Taizé

Entsetzen erfasste die Welt, als sie am 16. August 2005 von dem tödlichen Attentat auf Frère Roger Schutz erfuhr. Während der Abendandacht in der »Kirche der Versöhnung« hatte eine psychisch kranke Rumänin ihn mit einem Messer tödlich verletzt. Am meisten von Trauer erfüllt waren die über Hunderttausende von Jugendlichen, die Jahr für Jahr nach Taizé oder zu den europäischen Jugendtreffen am Jahresende pilgerten. Sie hatten einen geistlichen Vater verloren, der sich ihrer Sorgen und Nöte annahm und ihnen den Eindruck vermittelte, sie seien wertvoll und ihr Leben habe einen Sinn.

Schon in seiner frühen Jugendzeit wurden die Weichen für sein leidenschaftliches Engagement für die Ökumene und für die Versöhnung der Völkerfamilie gestellt. Er entstammte einer evangelisch-reformierten Familie in der Schweiz. Sein Vater war evangelischer Pfarrer, und auch er ergriff das Theologiestudium. Über seinen persönlichen Weg hat er einmal gesagt: »Das Lebenszeugnis meiner Großmutter hat mich so geprägt, dass ich schon in jungen Jahren meine Identität als Christ darin gefunden habe, in mir den Glauben meiner Herkunft mit dem Geheimnis des katholischen Glaubens zu versöhnen, ohne mit irgendjemandem die Gemeinschaft zu brechen.« So pflegte seine Mutter mit der Äbtissin eines italienischen Klosters, das sie einmal besucht hatte, einen regen Briefwechsel. Die von Roger tief verehrte Großmutter stammte aus einer alten evangelischen Familie, sie ging aber, vom Geist der Versöhnung zwischen den Konfessionen beseelt, in die katholische Kirche. Sie war für Roger eine Zeugin der Versöhnung. Und Roger »kam in tiefe Berührung mit dem katholischen Glauben in seinen aufgeschlossenen Zügen« durch eine katholische Familie, die ihn während seiner Oberschulzeit in Pension nahm, weil er auf dem Lande diese Bildungsmöglichkeit nicht besaß. Die Konfessionszugehörigkeit spielte für seinen Vater keine Rolle. Was in früher Jugend gesät wurde, ging später zu reicher Frucht auf.

Schon als Jugendlicher war er zu der Überzeugung gelangt, dass gelebte Gemeinschaft ein Zeugnis der Versöhnung sein kann. So bildete er während des Studiums mit Gleichgesinnten eine Gebetsgemeinschaft. Das spätere Zusammenleben in Taizé war für ihn ein »Gleichnis der Gemeinschaft«. Am Ende des Zweiten Weltkrieges suchte er in Frankreich, dem Heimatland seiner Mutter, ein Haus, das für ein gemeinsames Leben geeignet war. Nach langem Suchen entdeckte er das malerisch gelegene Dorf Taizé in Burgund, das halb verlassen und nicht weit entfernt war von der früheren mittelalterlichen Abtei Cluny. Im Dorf befand sich eine kleine romanische Kapelle, die schon lange nicht mehr benutzt wurde. Er notierte: »Teerstraßen gab es in dieser Gegend keine, auch kein fließendes Wasser oder Telefon. Seit der Revolution lebte kein Pfarrer mehr im Dorf.« Eine ältere Frau sagte zu Roger: »Bleiben Sie hier, wir sind so allein.« Diese Worte aus dem Munde einer armen alten Frau gaben den Ausschlag. Für Roger hatte durch sie Christus zu ihm gesprochen.

Am 19. April 1949 legten hier sieben Brüder die klassischen Ordensgelübde ab. Da Martin Luther das Mönchstum abgeschafft hatte, griff Frère Roger auf die Evangelischen Räte zurück, die in den katholischen und orthodoxen Kirchen bis heute gepflegt werden. Er hatte schon vorher seine Vorstellungen vom gemeinsamen Leben zu Papier gebracht, aus denen später die

Roger Schutz (1915–2005)

»Regeln von Taizé« hervorgingen: »Lass in deinem Tag Arbeit und Ruhe vom Wort Gottes ihr Leben empfangen; wahre in allem die innere Stille, um in Christus zu bleiben; lass dich durchdringen vom Geist der Seligpreisungen … Wir setzen alles daran, um die Zerrissenheit des Leibes Christi ständig zu vergegenwärtigen. Unsere Gemeinschaft ist Heimstatt der Ökumene.« Er schrieb der Versöhnung unter den Christen eine wesentliche Bedeutung zu. Wichtiger Grundsatz war, dass die Gemeinschaft keine Schenkungen oder Stiftungen annimmt. Alles sollte durch eigene Arbeit verdient werden. So erhält sie sich ihre Unabhängigkeit bis heute.

Die Zahl der Brüder wuchs ständig an; ursprünglich hatte Roger nur an zwölf Brüder gedacht. Am Ende waren es über 100 aus über 25 Nationen. Die meisten davon leben in Taizé, andere an fünf sozialen Brennpunkten der Welt in sog. Fraternitäten. Die ersten Brüder waren evangelischer oder anglikanischer Konfession, doch bald gesellten sich ihnen auch katholische Brüder hinzu. Heute sind sie in der Communauté in der Überzahl. Bis heute ist kein orthodoxer Christ Mitglied der Bruderschaft.

Schon acht Jahre vor seinem Tode hatte er Bruder Alois aus Tübingen zu seinem Nachfolger bestimmt, einen katholischen Laientheologen. Daran kann man schon erkennen, wie eng die Bindung der Communauté an die katholische Kirche ist, auch wenn mit den anderen Kirchen Kontakte gepflegt werden. Am intensivsten war und ist der Kontakt zur katholischen Kirche. Jedes Jahr fuhr der Prior nach Rom, um den Papst über die Entwicklung in Taizé zu informieren.

Bruder Roger und Bruder Max, der Cheftheologe von Taizé, wurden als Beobachter zum II. Vatikanischen Konzil eingeladen. Drei Päpste hatten schon Taizé mit ihrem Besuch beehrt.

Der Prior hatte auch schon den Ehrenprimas der orthodoxen Kirche in Konstantinopel besucht. Gleichwohl erweist sich die Bindung an die katholische Kirche als am engsten, so dass schon die Frage diskutiert wird, ob Frère Roger zur katholischen Kirche konvertiert sei. Dieses Gerücht hat die Communauté energisch zurückgewiesen. Durch die enge Bindung an Rom wollte Frère Roger sein Verständnis von Ökumene zum Ausdruck bringen. Er beharrte darauf: »Um Christi und des Evangeliums willen sind wir aufgerufen, das Bild der ungeteilten Kirche darzustellen ... Wir möchten ein Widerschein der ungeteilten Kirche sein, die sich ständig darum bemüht, sich zu versöhnen.«

Bezeichnend ist auch, dass die Trauerfeierlichkeiten aus Anlass der Beisetzung des Priors vom Kurienkardinal Walter Kasper geleitet wurden, der lange Jahre Präsident des Einheitssekretariates in Rom war. Es gibt aber auch kritische Stimmen, die der Ansicht sind, dass der von Frère Roger eingeschlagene Weg kein gangbarer sei, weil hier die Unterschiede zwischen den Kirchen verdunkelt würden. Hier würde eine Einheit vorweggenommen, die in Wirklichkeit nicht bestehe. Dabei würden die trennenden ungeklärten Unterschiede unter den Teppich gekehrt, die später wieder zum Vorschein kommen würden.

Schon sehr bald fühlten sich junge Menschen aus allen Konfessionen und aus allen Erdteilen von diesem kleinen Hügel in Taizé angezogen. Sie spürten, dass sie hier ernst genommen wurden. Sie konnten sich bei Frère Roger und den anderen Brüdern aussprechen und erhielten Anregungen für ein sinnvolles Leben. »Die Jugendlichen sahen in ihm«, so sagt sein Nachfolger Frère Alois, »einen Menschen, der stets bereit war, auch dem Einzelnen zuzuhören. Er tat dies jeden Abend nach dem gemeinsamen Gebet, oft stundenlang. Als ihm schließlich die Kraft fehlte, blieb er auch weiterhin abends in der Kirche und segnete ganz einfach alle, die zu ihm kamen, indem er ihnen die Hand auflegte.« Diese Verhaltensweise vermissen sie bei anderen Kirchenführern. Sie halten auf dem Weltjugendtag Katechesen, belehren sie also über den Glauben der katholischen Kirche, aber es kommt oft kein persönliches Gespräch zustande. Die Jugendlichen haben kein Interesse an den kirchentrennenden Fragen, auch nicht an der kirchlichen Institution, die sie eher skeptisch betrachten, wenn nicht gar ganz ablehnen. Interesse bringen sie dagegen Personen entgegen, die durch ihren authentischen Lebensstil zu überzeugen vermögen.

Diese Personen treten ihnen in Taizé in Gestalt der Brüder und ihres Priors entgegen. Bei einem Besuch des Priors bei Papst Paul VI. sagte dieser bedauernd: »Ich wollte leidenschaftlich gern etwas mit ihnen tun. Ich wünschte, ich hätte diesen Schlüssel, aber ich weiß, dass ich ihn nicht habe und nie haben werde.« Ein ehrliches Eingeständnis eines Papstes, der diesen Schlüssel bei den Brüdern der Mönchsgemeinschaft vermutete. Die jungen Menschen nehmen an den Gesprächen über ein Wort des Evangeliums, an den Gebeten und dem eucharistischen Gottesdienst am Morgen in der »Kirche der Versöhnung« teil, die mit Hilfe der »Aktion Sühnezeichen« aus Deutschland errichtet wurde, weil die alte Dorfkirche bald viel zu klein wurde. Immer wieder muss die neue Kirche erweitert werden, um dem Ansturm gerecht zu werden. Dabei wird nicht unterschiedslos die Kommunion allen Jugendlichen gereicht, sie können sie gemäß ihrer Herkunft empfangen. Für die evangelischen Jugendlichen wird täglich ein Abendmahlsgottesdienst gefeiert, gelegentlich auch für die orthodoxen. Dabei sind sich die Brüder einig, dass dieser Modus keineswegs ideal ist. Sie geben ehrlich zu: »Wir haben keine Methode in Sachen Ökumene. Wir erheben nicht den Anspruch, eine Lösung gefunden zu haben: jede Vorgehensweise bleibt ein Stück weit unangemessen.« Grundsätzlich wollen die Brüder keine neue Kirche ins Leben rufen, vielmehr möchten sie die Teilnehmer, wieder im Glauben gestärkt, in ihre Heimatgemeinden entsenden. Dort sollen sie andere etwas vom Geist Taizés spüren lassen. So haben die Liedgesänge von Taizé in vielen Gemeinden Eingang gefunden, auch in die offiziellen Gebets- und Gesangbücher. Taizé-Gebetskreise sind entstanden, an denen vornehmlich junge Menschen teilnehmen. Auf diese Weise können sie das Gemeindeleben bereichern.

Ende 1974 wurde ein »Konzil der Jugend« eröffnet, an dem auch offizielle Vertreter der verschiedenen Kirchen zugegen waren. 40.000 Jugendliche aus aller Welt nahmen an diesem »Konzil« teil. In der Vorbereitungszeit wurde die Botschaft für das Konzil formuliert. Sie lautet: »Der auferstandene Christus kommt, um im Innersten des Menschen ein Fest lebendig werden zu lassen. Er bereitet uns einen Frühling der Kirche, einer Kirche, die über keine Machtmittel mehr verfügt, bereit, mit allen zu teilen, ein Ort sichtbarer Gemeinschaft für die ganze Menschheit. Er wird uns genügend Phantasie und Mut geben, einen Weg der Versöhnung zu bahnen.« Bald stellte sich aber heraus, dass der Begriff »Konzil« missverständlich war, manche Erwachsene gingen auf Abstand. Die Folge war, dass es keine Folgeveranstaltung gab. Später traten an die Stelle des Konzils die europäischen Treffen, die jeweils am Jahresende in einer europäischen Großstadt stattfinden. An ihnen nehmen durchschnittlich 30.000 Jugendliche teil, in Budapest und Prag waren es sogar 80.000. Die jeweiligen Ortskirchen nehmen regen Anteil an dieser Zusammenkunft der Jugendlichen und stellen ihre Kirchen und Privatquartiere zur Verfügung. Die Brüder haben sich selbst gefragt: Warum kommen so viele Jugendliche nach Taizé? Sie wissen kaum eine Antwort. Sie hoffen, dass

Roger Schutz (1915–2005)

Europa auch in einem winzigen Dorf in Burgund zusammenwachsen kann.

Taizé begnügt sich aber nicht mit Zusammenkünften von
Jugendlichen in Burgund. Sie fühlen sich auch für die weltweiten Nöte der Menschen verantwortlich und verlassen dafür
ihr Kloster. So hat Roger Schutz die Formel geprägt: Kampf
und Kontemplation. Gemäß dieser Devise hat sich der Prior mit
Brüdern aufgemacht und die Elendsviertel der Welt aufgesucht
und dort für einige Zeit das Leben mit den Ärmsten der Armen
geteilt. So verbrachte er 1976 mit mehreren Brüdern einige Zeit
in den Slums von Kalkutta, wo Mutter Teresa mit ihrer Arbeit
begonnen hatte. Seit der Zeit gab es eine enge Beziehung zwischen den beiden, die auch in Veröffentlichungen ihren Nie-
derschlag gefunden hat. Inmitten der Armen und Verlassenen
schrieb Roger Schutz seine Briefe, in denen er die Möglichkeit
und Notwendigkeit eines Engagements für die Armen aufzeigte.

So verbindet der Prior das kontemplative Leben mit dem
Kampf für Gerechtigkeit und ein menschenwürdiges Leben für
jeden Menschen. Gleichwohl gewinnt man den Eindruck, dass
in den letzten Jahren das kämpferische Element gegenüber dem
inneren, kontemplativen in Taizé zurückgegangen ist. Jetzt stehen das Gebet, die Beschäftigung mit der Bibel und die Feier
des Gottesdienstes im Zentrum der Bewegung. Der Kampf für
soziale Gerechtigkeit ist dagegen ein wenig zurückgetreten.

Frère Roger hatte ein allen Menschen zugewandtes Herz und
eine Güte, die staunenswert war. Er wollte die Barmherzigkeit
der Seligpreisungen konkret leben. Er zitierte immer wieder ein
Wort des heiligen Augustinus: »Liebe und sage es durch dein
Leben.« Im Blick auf sein Lebensende sagte er: »Am Abend
unseres Lebens wird es die Liebe sein, nach der wir beurteilt
werden, die Liebe, die wir allmählich in uns haben wachsen

und sich entfalten lassen, in Barmherzigkeit für jeden Menschen.« Dieses Vermächtnis hat uns der charismatische Prior von Taizé hinterlassen; wir sollten es pflegen und Gestalt in unserem Leben annehmen lassen.

Vertiefende Literatur:

K. Spink, Frère Roger. Gründer von Taizé, Freiburg 2013

Bernadette Soubirous (1844–1879)

Seherin

Propheten, Prophetinnen und SeherInnen, denen eine Offenbarung zuteilgeworden ist, haben es schwer, für ihre Botschaft Verständnis zu finden. Was sie verkünden, erscheint so unwahrscheinlich, dass sich zunächst Widerstand regt, und man nicht bereit ist, ihnen Glauben zu schenken. Ihr ganzes Leben steht im Zeichen des Widerspruchs und der Verfolgung. Wenn sie aber auf Zeichen hinweisen können, die das Gesagte unterstreichen, schwindet langsam der Widerstand. Dann wächst der Zuspruch und das Vertrauen in ihre Botschaft. Am Ende steht eine breite Zustimmung und Bewunderung. Aus der anfänglich als Lügnerin und Betrügerin Beschimpften wird eine Heilige, die um Fürsprache angerufen wird.

Dieses Schicksal wurde der aus armseligen Verhältnissen stammenden Müllerstochter Marie Bernadette Soubirous zuteil. Ihre Kindheit und Jugendzeit verbrachte sie im südfranzösischen Lourdes. Schon früh hatte sie unter Asthma zu leiden, was sie ihr ganzes Leben plagte. Die kümmerlichen häuslichen Verhältnisse verstärkten noch ihre Anfälligkeit für Krankheiten. Die ganze Familie bewohnte ein einziges Zimmer in einem ehemaligen Gefängnis, in das kein Lichtstrahl drang. Bernadette hatte keine Schule besucht, sie konnte daher auch lange Zeit weder lesen noch schreiben. Mit Mühe konnte man ihr das Ave Maria beibringen, so dass sie beim Rosenkranzgebet vorbeten konnte. Ihr Vater war Gelegenheitsarbeiter, so dass die Familie oft hungern musste. Welch ein kümmerliches Leben musste dieses junge Bauernmädchen fristen. Gleichwohl soll sie immer fröhlich gewesen sein, vor allem dann, wenn sie die Schafherde auf der Anhöhe weiden durfte.

Am 11. Februar 1858 gegen 11 Uhr gingen Bernadette, ihre jüngere Schwester Antoinette und ihre Freundin Jeanne Abadie zur Grotte Massabielle. Sie befindet sich ein wenig außerhalb von Lourdes. Sie wollten Holz sammeln zum Feueranzünden in der Küche daheim. Plötzlich sieht Bernadette über einem Wildrosenbusch eine überirdisch schöne jugendliche Frau in einem blaugefütterten weißen Gewand, einen Schleier auf dem Haupt, einen weißen Rosenkranz am rechten Arm. Sie lässt lächelnd das Kind nähertreten und lehrt es das Kreuzzeichen machen. In den nächsten 14 Tagen sieht Bernadette fast täglich dieselbe Erscheinung, die mit ihr redet. Dazu sagt Bernadette: »Sie hatte ein weißes Kleid, einen blauen Gürtel und eine gelbe Rose in der Farbe ihres Rosenkranzes auf jedem Fuß. Als ich das sah, rieb ich mir die Augen, weil ich dachte, mich zu täuschen.« Die weiß gekleidete Dame soll zu dem Mädchen gesagt haben: »Ich verspreche Ihnen nicht, Sie in dieser Welt glücklich zu machen, aber in einer anderen.« Bernadette berichtete ihrem Ortspfarrer von diesem Gespräch, der sehr skeptisch war; er hielt Bernadette für verrückt. Er beauftragte sie, die »Dame«, so nannte Bernadette zuerst die Erscheinung, nach ihrem Namen zu fragen.

Bei der letzten Vision gab sich die »Dame« mit den Worten zu erkennen: »Ich bin die unbefleckte Empfängnis«. Von dieser dogmatischen Aussage der Kirche dürfte sie vorher nie etwas bewusst vernommen haben, zumal sie im Katechismusunterricht keine großen Fortschritte erzielt hatte. Bernadette gab die Worte verstümmelt im heimischen Dialekt wieder, wir würden sagen auf Platt. Dies überzeugte den Dorfpfarrer, der darauf die Erscheinungen verteidigte. Bernadette wollte eigentlich ihre Erlebnisse verheimlichen, was ihr aber nicht gelang. Trotz der

Schläge, die sie für ihre »Lügen« erhielt, kehrte sie immer wieder an den Erscheinungsort zurück; denn »die Grotte war mein Himmel«, bekannte sie.

Sie wird von der örtlichen Polizei als Betrügerin verdächtigt. Die Mutter will ihr »die Flausen« mit der Peitsche austreiben. Die Bewohner der rauen Bergregion sind alles andere als wundersüchtig.

Bei einer der folgenden Erscheinung wurde sie von der »Dame« aufgefordert, an einem bestimmten Ort nach einer Quelle zu graben: »Trinke aus der Quelle und wasche dich darin.« Sehr schnell erwies sich das Wasser als heilkräftig. Die erste Heilung war die einer hochschwangeren Frau mit einer deformierten Hand. Diese Heilung wurde als erste von der Kirche offiziell als Heilungswunder anerkannt. Noch heute erweist sich die Quelle als wunderbar. Nicht wenige Heilungen werden ihr zugeschrieben. 2.000 Heilungen wurden von der Internationalen Ärztekommission als unerklärlich eingestuft, 68 davon betrachtet die Kirche aber nur auf Grund strenger Kriterien als Wunderheilungen.

Die Kirche verhielt sich verständlicherweise zunächst eher zurückhaltend; es wurde jedoch eine Untersuchungskommission eingesetzt, die nach dreijähriger Arbeit zur Feststellung gelangte: »Die Jungfrau Maria ist der Bernadette Soubirous tatsächlich erschienen ... Der Finger Gottes ist hier.« Die ersten Heilungen wurden anerkannt und eine Kirche, wie die »Dame« es gefordert hatte, neben der Grotte erbaut. Seitdem strömen jährlich Millionen von Pilgern nach Lourdes in der geheimen Hoffnung auf Erhörung ihrer Gebete. Die erste Kirche reicht inzwischen nicht mehr aus, um den Pilgerstrom aufzunehmen. Inzwischen sind mehrere Kirchen erbaut worden. Und auch die Zahl der Lourdespilger reißt nicht ab, ja sie nimmt sogar noch zu.

Bernadette verfolgte nicht lange mehr dieses Treiben aus nächster Nähe, denn viele erwarteten jetzt von ihr Heilung ihrer Gebrechen. Sie konnte sich des Andrangs kaum noch erwehren. Sie trat daher am 8. Juli 1866 in das vornehme Kloster St. Gildard zu Nevers ein. Auf diese Weise wollte sie auch ihrer unerträglich gewordenen Verehrerschar entfliehen. Dort vermied man es, die Erinnerungen an die Erscheinungen der Muttergottes in Lourdes zu wecken. Das war ihr auch ganz recht. Mit den nüchternen Worten zieht sie Bilanz: »Sehen Sie, meine Geschichte ist ganz einfach. Die Jungfrau hat sich meiner bedient, dann hat man mich in eine Ecke gestellt. Das ist mein Platz. Dort bin ich glücklich und dort bleibe ich.« Bescheidener kann eine Seherin nicht auftreten, sie tritt ganz hinter ihrer Berufung zurück, lenkt jede Aufmerksamkeit von ihrer Person ab. Sie reflektiert auch nicht weiter das Geschehen in Lourdes, obwohl sie dort doch zeitweilig im Mittelpunkt gestanden hat.

Ihre Oberin und Mitschwestern haben ihr das Leben im Konvent nicht einfach gemacht. Sie konnten mit der ungebildeten, simplen Mitschwester nicht viel anfangen. Kapital aus ihrer Berufungsgeschichte konnten sie auch nicht schlagen, wie es die Oberin im Kloster der kleinen Theresia von Lisieux verstanden hatte. Bernadette musste viele Demütigungen über sich ergehen lassen, aber sie ertrug alles in Geduld und Gottergebenheit. Ihr blieb die Erfahrung nicht erspart: »Wer mit Maria gehen will, der muss zum Kreuzweg bereit sein.« Auf Grund ihrer vielen Erkrankungen war ihr kein langes Leben im Kloster beschieden. Unter unsäglichen Qualen endete ihr irdisches Leben mit 35 Jahren. Sie beschreibt ihr schmerzhaftes Dahinsiechen mit den Worten: »Ich werde zermalmt wie ein Weizenkorn … ich hätte nicht geglaubt, dass man so viel leiden muss, um sterben zu können.« So ganz Gott ergeben war ihr Sterben auch nicht.

Angesichts des nahenden Todes bekannte sie: »Ich habe Angst.«
Auch Heilige sind gegen solche Anfeindungen nicht gefeit. Sie
sind Menschen wie wir, denen auch keine Befreiung von der
Todesangst verheißen worden ist. Wir müssen dem Gevatter
Tod ins Angesicht schauen und all unsere Hoffnungen auf den
Gekreuzigten richten, der uns verheißen hat: »Ich bin bei euch
alle Tage eures Lebens.« Hat er doch unser Leiden und Sterben
auf sich genommen, um uns in der äußersten Bedrängnis nahe
zu sein.

Vertiefende Literatur:

P. Dondelinger, Bernadette Soubirous. Visionen und Wunder, Kevelaer 2007

Edith Stein (1891–1942)

Mystikerin – Philosophin – Märtyrerin

Weit verbreitet ist das Vorurteil, Glaube und Vernunft stehen sich wie Wasser und Feuer feindlich gegenüber. Ein vernünftiger Mensch kann nicht Ja zum Glauben sagen, so tönt es uns heute vor allem aus dem Mund von militanten Atheisten entgegen. Sie werfen uns einen Köhlerglauben vor, der blind glaubt, was die Kirche zu glauben lehrt. Ein eigenes Urteil sei uns verwehrt. An der Kirchentür müsse der Gläubige seinen Verstand abgeben. Wie wenig plausibel ein solcher Vorwurf ist, das lehrt uns der Denkweg der jüdischen Philosophin Edith Stein, der sie in die Arme des christlichen Glaubens geführt hat.

Sie wuchs in einem wohlhabenden jüdischen Elternhaus in Breslau auf. Schon früh verabschiedete sie sich von ihrem angestammten Glauben und verstand sich fortan als Atheistin. Als Hauptstudienfach wählte sie die Philosophie. Als Schülerin und spätere Assistentin des berühmten Philosophen Edmund Husserl machte sie sich mit der Lehre der Phänomenologie vertraut. Diese philosophische Richtung wollte zur Sache selbst vordringen. Sie hatte zum Ziel, über die sinnliche Wahrnehmung eines Dinges hinaus zur inneren Erfahrung seines Wesens vorzudringen. In Göttingen wurde sie promoviert. Eine Habilitation dagegen wurde ihr als Frau damals verwehrt, auch Husserl sperrte sich dagegen. Es sollte bis 1950 dauern, bis in Deutschland einer Frau die Lehrerlaubnis an einer Universität zugesprochen wurde.

In Göttingen geriet Edith Stein in eine Lebenskrise, die sie mit Hilfe der Philosophie nicht überwinden konnte. Sie fragte:

Was ist der letzte Grund der Wirklichkeit, hat das Leben überhaupt einen Sinn? Die Begegnung mit gläubigen Philosophen erschütterte ihren Atheismus und sie begann, sich dem Christentum zu nähern. Den letzten Anstoß zu ihrem Eintritt in die katholische Kirche gab die Lektüre der Autobiographie der heiligen Teresa von Ávila, die sie in einer Nacht förmlich verschlang. »Das ist die Wahrheit!«, war das Ergebnis ihrer nächtlichen Lektüre. Sie beschloss, sich taufen zu lassen. Diese Lektüre hatte nach eigenem Bekunden »meinem langen Suchen nach dem wahren Glauben ein Ende gemacht.« Dass sie sich dem katholischen Glauben zugewandt hatte, begründete sie damit, dass hier der Glaube eine mehr sinnlichere und fröhlichere Gestalt angenommen hat. Dies zeigte sich für sie in der lateinischen Sprache der Messe, im Gregorianischen Choral und dem Glanz der Liturgie. »Im Protestantismus ist der Himmel geschlossen, im Katholizismus ist er offen«, lautete ihre Begründung.

Man kann also als tiefgründiger Philosoph durchaus den Glaubensakt vollziehen, ohne an der Redlichkeit seines Denkens Abstriche machen zu müssen. Das beweisen die Biographien auch anderer bedeutender Philosophen; ich denke dabei an Augustinus, Thomas von Aquin, Blaise Pascal, Søren Kierkegaard und Gabriel Marcel, um nur einige wenige zu nennen. Unlängst hat ein deutscher Philosophieprofessor von Rang ein Buch vorgelegt über den Sinn des Sinns, den er in Gott oder im Göttlichen erblickt. Er spricht darin von der notwendigen Verbindung von Wissen und Gauben. »Wissen gibt es (für ihn) nur in Verbindung mit dem Glauben.« Aber auch der Glaube verliere seinen Sinn, »wenn er keinen Bezug zum Wissen hat« (Volker Gerhardt). Auch der Glaube bedarf eines vernünftigen Fundamentes, er muss in der Lage sein, über seine Hoffnung

Rechenschaft abzulegen, wie es der Erste Petrusbrief von uns fordert (vgl. 1 Petr 3,15).

Nach ihrem Übertritt wollte Edith Stein Nonne werden, aber ihr geistlicher Führer empfahl ihr ein Wirken in der Welt. So wurde sie Lehrerin an einem Mädchengymnasium in Speyer und bildete Lehrerinnen aus. Dabei überforderte die Philosophin oft ihre Schülerinnen. In Reden und Schriften setzte sie sich für die Emanzipation der Frauen ein. Dennoch tritt sie weiterhin für das Klischee der weiblichen Wesensart ein und legt die Frau auf eine bestimmte Rolle fest. Insofern ist ihr Eintreten für die Emanzipation der Frau nicht konsequent. Sie wird dann für eine kurze Zeit Dozentin für wissenschaftliche Pädagogik in Münster. Zu Beginn der Machtergreifung durch den Nationalsozialismus tritt sie 1933 in Köln ins Kloster der Unbeschuhten Karmelitinnen ein. Das war schon lange ihr sehnlicher Wunsch gewesen.

Sie erhält auf eigenen Wunsch den Ordensnamen Schwester Teresia Benedicta vom Kreuz, die Gesegnete vom Kreuz. Mit den Worten »Ich war ein Fremdling in der Welt geworden« begründete sie diesen Schritt. Der Ordensname weist schon auf die Mitte ihrer christlichen Spiritualität hin: das Kreuz. An eine Freundin schreibt sie: »Die Welt steht in Flammen. Drängt es dich, sie zu löschen? Schau auf zum Kreuz ... Ihm verbunden bist du allgegenwärtig wie er. An allen Fronten, an allen Stätten des Jammers kannst du sein in der Kraft des Kreuzes.« Ihr letztes literarisches Werk ist die »Kreuzeswissenschaft«, wobei hier Wissenschaft nicht im üblichen Sinn, also als ein »in gesetzmäßigen Denkschritten aufgeführtes ideales Gebäude« verstanden wird, sondern in der Bedeutung von Erfahrungswissen.

Auch wir müssen uns fragen: Welche Bedeutung hat das Kreuz Jesu Christi für unser Glaubensleben? Ist es die Mitte oder nur ein Randphänomen? Können wir mit innerer Überzeugung am Karfreitag in der Liturgie miteinstimmen: »O, Kreuz, du unsere einzige Hoffnung«? Die Ordensprovinz erteilte ihr den Auftrag, ihre als Habilitationsschrift gedachte, aber nicht angenommene Arbeit druckfertig zu machen. Sie erschien acht Jahre nach ihrem Tod unter dem Titel: »Endliches und ewiges Sein«. Es handelt sich hier um eine Auseinandersetzung mit Thomas von Aquin. Sie will die Wahrheitssuche des neuzeitlichen Menschen mit der Gottsuche der christlich-jüdischen Spiritualität in Verbindung bringen. Der Sinn des Seins, nach dem auch andere Philosophen gefragt haben, erschließt sich ihr im unendlichen Sein Gottes, das den Menschen trägt und im Sein hält. Er ist »letzter Halt und Grund meines Seins«. In der Begegnung mit Gott kann der Mensch eine dauerhafte Heimat finden, einen Lebenssinn.

Auf drängendes Nachfragen gestand ihre holländische Oberin den Nazis, dass Schwester Teresia Benedicta jüdischer Abstammung sei. Aus diesem Grund war sie mit ihrer leiblichen Schwester Rosa, die ebenfalls konvertiert und in den Dritten Orden des Karmel eingetreten war, nach Holland ins Kloster Echt geflohen. Angesichts der Judenpolitik der Nazis machte sich die Schwester keine Illusion und verfasste ihr Testament. Darin schrieb sie: »Gott möge mein Leben und Sterben annehmen ... zu seiner Ehre und Verherrlichung ... für die Rettung Deutschlands und den Frieden in der Welt ...«

Am 2. August 1942 wurden Teresia und ihre Schwester Rosa verhaftet. Mit den Worten »Komm, wir gehen für unser Volk« – gemeint war das jüdische Volk – verabschiedete sich Teresia von ihren Mitschwestern. Beim Verhör wurde sie nach ihrem Bekenntnis gefragt. Sie antwortete: »Ich bin katholisch«, worauf sie angeschrien wurde: »Das bist du nicht, du bist eine verdammte Jüdin.« Im Lager fiel sie ihren Mitgefangenen durch ihre Gelassenheit und Tatkraft auf, sie tröstete und beruhigte andere. Ein jüdischer Beamter im Durchgangslager Westerbork bezeugt: »Diese eine Frau habe ich nie vergessen können. Diese Frau mit ihrem Lächeln, das keine Maske, sondern ein erwärmendes Licht war ... Als ich dieser Frau im Lager Westerbork begegnete ... wusste ich sofort: Das ist ein wahrhaft großer Mensch.« Schließlich starb sie und ihre Schwester Rosa in der Gaskammer, wie auch ihre anderen Geschwister.

Ihr wissenschaftliches Werk lebt weiter in einer kritischen Gesamtausgabe, für die 24 Bände geplant sind. Die Kirche hat sie inzwischen zur Seligen und Heiligen und zur Mitpatronin Europas erklärt. Sie ist die erste Jüdin in der Kirchengeschichte, die offiziell zur Heiligen erhoben wurde. Papst Johannes Paul II. hat über ihr Martyrium gesagt: »Ihr Schrei verschmilzt mit dem aller Opfer jener schrecklichen Tragödie. Vorher hat er sich jedoch mit dem Schrei Christi vereint, der dem menschlichen Leiden eine geheimnisvolle, ewige Fruchtbarkeit verspricht.«

Vertiefende Literatur:

Chr. Feldmann, Edith Stein, Reinbek bei Hamburg 2004

Niels Stensen (1638–1686)

Naturforscher und Bischof

Unser gegenwärtiges Denken wird beherrscht von den exakten Naturwissenschaften, denen wir erstaunliche Erkenntnisse verdanken. Sie haben sich in technischen Erfindungen niedergeschlagen, die unser alltägliches Leben ungemein erleichtern und bereichern. Viele Vertreter dieser wissenschaftlichen Disziplinen, die um aufweisbare Ergebnisse bemüht sind, beanspruchen darüber hinaus einen Wahrheitsanspruch, der weit über die engen Grenzen ihres eigenen Fachgebietes hinausreicht. Für sie zählt nur das, was aufgewiesen, demonstriert werden kann, alles andere, was nicht Ergebnis empirischer Untersuchungen ist, wird in den Bereich des Märchens oder der Illusion verbannt. Von diesem Bannfluch ist besonders der Glaube und mit ihm die Glaubenswissenschaft, die Theologie, betroffen.

Ein bekannter britischer Evolutionsbiologe, Richard Dawkins, hat ein Buch mit dem bezeichnenden Titel »Der Gotteswahn« veröffentlicht, das auf starke Resonanz gestoßen ist. Ihm zufolge ist ein Mensch, der an Gott glaubt, ein Wahnsinniger. Welch eine Arroganz eines Wissenschaftlers, der auf die entscheidenden Fragen des menschlichen Daseins keine Antwort weiß, der schon vor dem Phänomen der Liebe verstummen muss, weil es dafür keine rationale Erklärung gibt. Bei dieser Grenzüberschreitung wird übersehen, dass es nicht nur den rechnenden, analysierenden Verstand gibt, sondern auch die Vernunft, die, wie schon der Name sagt, vernehmender Art ist. Hier geht es um die Frage nach dem Sinn des Ganzen, nach der Frage, was dem Urknall vorausliegt, was uns am Ende unseres Lebens erwartet. Wir können dieses Denken auch das besinnliche Denken nennen, das sich vom berechnenden Denken wesentlich unterscheidet.

Muss es uns nicht nachdenklich stimmen, dass große Naturwissenschaftler der Moderne, mit Einstein angefangen, sich nicht mit ihren naturwissenschaftlichen Erkenntnissen zufriedengegeben, sondern sich den Sinn für das unseren menschlich begrenzten Verstand übersteigende göttliche Geheimnis bewahrt haben. Der Anblick des unermesslichen Universums mit seinen Gesetzen hat sie zum Staunen bewegt, das der Anfang der Gotteserkenntnis ist.

Schon fast 300 Jahre zuvor hatte bereits der dänische Naturforscher Niels Stensen, der im 17. Jahrhundert gelebt hat, als einer der Ersten eine Trennung zwischen Naturwissenschaft und Theologie vorgenommen hat, ohne die naturwissenschaftliche Erkenntnisweise absolut zu setzen. In seiner Antrittsvorlesung an der Kopenhagener Universität hat er betont: »Wir haben in der Vernunft einen Richter über die Sinneseindrücke. Wir sollten durch häufige Erwägungen … von der Unwissenheit zum Wissen, vom Unvollkommenen zum Vollkommenen aufsteigen und würdige Gedanken über die wahre Menschenwürde in uns erwecken … Welches Entzücken würden wir da nicht fühlen, wenn wir den ganzen kunstvollen Bau des Körpers schauen könnten oder der Seele … und die Abhängigkeit aller dieser Dinge von der Ursache, die alles weiß, was wir nicht kennen: Schön ist, was wir sehen, schöner, was wir wissen, weitaus am schönsten ist, was wir nicht fassen.«

Schon in seiner Jugendzeit war Stensen fasziniert von den kunstvollen Baugesetzen der Natur, in denen sich der göttliche Schöpfer in seiner unendlichen Schönheit und Größe widerspiegelt. Seine bahnbrechenden Erkenntnisse verdankt er dem strengen wissenschaftlichen Forschen, das sich damals erst in den Anfängen befand. Insofern war er ein Pionier der modernen Naturwissenschaften. Er setzte sich für ein eigenständiges Studium der Natur ein und berief sich dabei nicht auf überkommene Autoritäten, wie es damals üblich war.

Was verdankt die Naturwissenschaft diesem Gelehrten, der ein Vorläufer der modernen Bioethik war, die heute die Wissenschaft in Atem hält und massive Auswirkungen auf unser menschliches Leben hat? In der Anatomie untersuchte er als erster die Tränen- und Speicheldrüsen des menschlichen Körpers. Er beschrieb das Ausführungsgangsystem der Ohrspeicheldrüse, den nach ihm benannten »Stensen-Gang«. In der Mineralogie entdeckte er das Gesetz von der Winkelkonstanz, die Tatsache, dass die Oberflächen der Kristalle immer im selben Winkel zueinander stehen. Damit legte er das Fundament für die moderne Kristallographie. In der Geologie und Paläontologie gelangte er zur Einsicht in die biologische Herkunft der Fossilien als Überreste von Lebewesen, die bis dahin als natürliche Gesteinsauswüchse betrachtet worden waren. Er wies nach, dass die Erde eine Geschichte hat, auch wenn man damals noch nicht den Begriff der Evolution kannte. Wilhelm von Humboldt hat ihn als den »Vater der Geologie« bezeichnet. Als erster Wissenschaftler befasste er sich mit der Muskulatur des Herzens. Seine größte Tat als Wissenschaftler ist, dass er das Herz als einen Muskel erklärt hat. Wenn man bedenkt, dass er für seine Entdeckungen noch kein Mikroskop zur Verfügung hatte, dann kann man die Bedeutung seiner Forschungsergebnisse nicht genug ermessen.

Seine große Bescheidenheit kommt in einer Vorlesung in Paris zum Ausdruck, wo er bekannte: »Anstatt Ihnen zu versprechen, Ihre Wissbegierde bezüglich der Anatomie des Gehirns zu befriedigen, gestehe ich Ihnen sofort offen und ehrlich, dass ich diese nicht kenne.« Umso unbegreiflicher ist, dass drei Jahrhunderte lang seine Leistungen nicht die gebührende Anerkennung fanden. Erst in der Neuzeit ist man sich seines hohen Ranges als Wissenschaftler bewusst geworden. Ihm wurde das gleiche Schicksal wie Johann Sebastian Bach zuteil, dessen Matthäus-Passion für ein Jahrhundert in Vergessenheit geriet. Erst die Wiederaufführung durch Felix Mendelssohn Bartholdy hat seinen Weltruhm begründet. Heute ist ein Karfreitag ohne die Aufführung dieser Passion undenkbar. Ähnliches widerfuhr Niels Stensen.

Schon mit 28 Jahren befindet sich Stensen auf dem Höhepunkt seiner wissenschaftlichen Karriere in ganz Europa, in der Fachwelt erfährt er große Anerkennung als Gelehrter. Aber nun erfolgt eine intensive Hinwendung zum Glauben, den er nie aufgegeben hatte, der aber nun eine neue Form erhalten sollte. Er war in Kopenhagen in die lutherische Kirche hineingetauft worden. Zwei Erlebnisse führten diesen neuen Lebensabschnitt herauf: Bei seinen Studienreisen durch die Niederlande fiel ihm auf, wie zersplittert die reformatorischen Kirchen waren und wie sehr die von Christus beschworene Einheit seiner Jünger zerbrochen war. Er begegnete hier den unterschiedlichsten Erklärungen der Heiligen Schrift.

Bei seinem Aufenthalt in Florenz, wo er als Leibarzt Ferdinands II. von Medici und als Prinzenerzieher tätig war, begegnete er einem ausgeprägten religiösen Leben in der Toskana. Ganz besonders beeindruckt war er von einer Fronleichnamsprozession 1666 in Livorno. In einem Brief hielt er seine Eindrücke fest: »Als ich die Hostie mit so großer Pracht durch die Stadt getragen sah, regte sich in mir der Gedanke: Entweder ist jene Hostie nur ein einfaches Stück Brot und seine Verehrer sind

Toren, oder hier ist der wahre Leib Christi, und weshalb erweise nicht auch ich ihm die Ehre?«

Fortan beschäftigte sich Stensen intensiv mit theologischer Literatur sowohl protestantischer als auch katholischer Herkunft und führte mit Katholiken, deren Lebenswandel auf ihn seinen Eindruck nicht verfehlte, Glaubensgespräche. »Eine vornehme Dame, welche sich durch ein heiliges Leben auszeichnete, hatte mit mir verschiedene religiöse Gespräche geführt und endlich die Frage gestellt, ob sich denn in mir nicht auch nur ein leiser Wunsch nach der katholischen Religion regte.« Schließlich fällt er nach langem Zögern und Überlegungen die Entscheidung. Er sagt: »Endlich trafen um die Vesperstunde des Allerseelentages gleichzeitig so viele Gründe und Umstände zusammen, dass ich in der klaren Erkenntnis, Gott habe meine Hände ergriffen und mich zu seiner Kirche geführt, bekennen musste: Herr, Du hast meine Fesseln zerbrochen.« Als wichtigsten Beweggrund nennt er die Frage nach dem Ursprung und nach der Einheit der Kirche. Diese erblickt er in der universalen römischen Kirche, die für ihn der Garant der Einheit ist.

Sein Übertritt wird am 7. November 1667 in Florenz vollzogen. Von nun an nimmt er regelmäßig an der kirchlichen Liturgie teil und vertieft sein persönliches Gebetsleben. Er verfasste seine ersten theologischen Schriften. Bei seinen wissenschaftlichen Freunden stieß dieser Schritt Stensens auf großes Unverständnis. Er rechtfertigte seinen Entschluss mit einer Schrift, in der er die Gründe für seinen überraschenden Übertritt darlegte. Inzwischen interessierten ihn weniger die alten Fachfragen; er widmete die ganze Aufmerksamkeit seinem katholischen Glauben und ließ sich zum Priester weihen.

In Florenz wirkte er als Seelenführer und Beichtvater. Zwei Jahre später wurde er auf Wunsch des Herzogs von Hannover, der ebenfalls in jungen Jahren konvertiert war, zum Bischof geweiht und als Apostolischer Vikar in die Nordischen Missionen entsandt. Er nahm diese Aufgaben nach großen Bedenken an und schrieb an den Herzog: »Gott und dem Heil der Seelen zu dienen, ist mein einziges Verlangen und als den geeignetsten Ort erkenne ich die Stelle bei Eurer Durchlaucht.« Nach dessen Tod ging die Erbfolge an seinen Bruder, der lutherischen Glaubens war. Daher sah Stensen von nun an am Hof und in Hannover für sich keine Wirkungsmöglichkeiten mehr.

Stensen wurde jetzt Weihbischof in Münster, wo er aber auf einen Klerus und ein Domkapitel stieß, die sich seinem apostolischen Eifer verschlossen. Stensen war an einer Erneuerung des Glaubens bei Priestern und Gläubigen gelegen, doch fand er dafür keine Bereitschaft vor. Sein enthaltsamer Lebensstil machte ihm die Katholiken nicht geneigt. So wechselte er von Münster nach Hamburg und später nach Schwerin. Dort durfte er aber unter den wenigen Katholiken nur als einfacher Priester wirken und nicht als Bischof. Ein Erfolg war ihm nicht beschieden. Es waren ihm hier nur wenige Jahre vergönnt, ehe er mit 48 Jahren nach schwerer Gallenkrankheit verstarb. Er konnte nicht einmal mit den Sterbesakramenten versehen werden.

Als sein letztes Gebet sind die Worte überliefert: »Mein Gott, ich leide heftige Schmerzen, und ich hoffe, sie werden Dich bewegen, mir zu verzeihen, wenn ich nicht beständig an Dich denke. Ich bitte Dich nicht, mir die Schmerzen zu nehmen, aber gib mir die Geduld, sie zu ertragen. Wenn wir das Gute aus Deiner Hand angenommen haben, warum sollen wir da nicht das Übel annehmen? Ob Du nun willst, dass ich weiterlebe oder dass ich sterbe, ich will nur, mein Gott, was Du willst. Sei gepriesen in Ewigkeit, und Dein heiliger Wille geschehe. Jesus sei mir Jesus, Jesus sei mir Erlöser.«

Vertiefende Literatur:

H. Wieh, Niels Stensen. Sein Leben in Dokumenten und Bildern, Würzburg 1988

Teresa von Ávila (1515–1582)

Mystikerin und Ordensreformerin

Als sich die jüdische Philosophin Edith Stein auf der Suche nach dem Sinn ihres Lebens befindet, den sie in ihrem eigenen Fachgebiet nicht gefunden hat, besucht sie eine befreundete Kollegin. Da diese am Abend einen Termin hat, überlässt sie ihrer Freundin die Bibliothek, aus der sie ein Buch herausnehmen darf. Per Zufall gerät die Autobiographie der heiligen Teresa von Ávila in ihre Hände, ein Werk der geistlichen Weltliteratur. Sie beginnt zu lesen und ist so von der Lektüre fasziniert, dass sie die ganze Nacht darin liest. Als sie am frühen Morgen die Lektüre beendet hat, schlägt sie das Buch zu und ruft aus: »Das ist die Wahrheit!«, und lässt sich taufen. Hier hatte eine mittelalterliche Mystikerin und Heilige einer zukünftigen Mystikerin und Heiligen den Weg gewiesen. Eine einzigartige und segensreiche Konstellation!

Teresa trat, nachdem sie als Jugendliche den Freuden des irdischen Lebens nicht abgeneigt war und deshalb in ein Internat verbannt wurde, mit 20 Jahren gegen den Willen des Vaters in das Karmelitinnenkloster »Unsere Liebe Frau von der Menschwerdung« in Ávila ein. Vom Heiraten wollte sie nichts wissen. Sie sagte: »Welche Gnade, wenn Gott einer Frau die Tyrannei eines Ehemannes erspart. Sehr oft richtet er ihren Körper zugrunde. Und manchmal auch die Seele.« Wir dürfen dieses Kloster, in dem 180 bis 200 Nonnen zusammenlebten, nicht mit unseren neuzeitlichen Vorstellungen vergleichen. Hier konnten die Schwestern Besuche empfangen, durften das Kloster nach Gutdünken verlassen. Teresa hatte standesgemäß drei Zimmer zur Verfügung, während die mittellosen Nonnen in Schlafsälen übernachten mussten. Das Kloster war zur damaligen Zeit eher ein Versorgungsinstitut für Frauen, die keine Chance zur Heirat hatten, da zur damaligen Zeit ehewillige Männer Mangelware waren. Sie wurden zuhauf Priester oder Ordensmann – jeder Vierte wurde es – oder beteiligten sich an der gewinnversprechenden Eroberung Südamerikas.

Ungeachtet dieses liberal geführten Klosters bemühte sich Teresa um ein geordnetes Gebetsleben, sie meditierte und pflegte das innere Gebet, das heißt, sie bemühte sich um die innere Verbundenheit mit dem Herrn. Eigentlich war damals diese Gebetsform den Frauen versagt. Wer sie dennoch praktizierte, geriet in den Verdacht der Häresie und des Sektierertums. Zu diesem Gebetsverbot sagte ihr Christus in einer ihrer vielen Visionen: »Das ist Tyrannei!« Ein Theologieprofessor in Salamanca hatte gerade gelehrt: »Von allen kirchlichen Würden auszuschließen sind Frauen, ferner Zwitter, die eher Frauen sind als Männer, sowie Missgeburten, Scheusale und unheilbare Geisteskranke.« In welch eine Gesellschaft wurden hier die Frauen eingereiht!

In der Fastenzeit 1554 wird im Kloster der »Schmerzensmann« aufgestellt. Als Teresas Blick auf die Statue fällt, kommt ihr der Gedanke, dass auch sie Gott immer wieder Schmerzen bereitet, weil sie ihrer Berufung zur Ordensfrau nur halbherzig nachgekommen ist. Sie stürzt sich jetzt auf das Gebet mit höchster Konzentration und vertieft sich in die Lektüre großer Werke der spirituellen Literatur. Dabei kommt ihr die ursprüngliche Regel der Karmeliter in ihre Hände, die ihr viel besser gefällt. Sie kannte bislang nur die revidierte, abgemilderte Fassung. In diesem Lichte erwies sich der Ordensgeist der Beschuhten Karmelitinnen als reformbedürftig, er entsprach nicht ihren gewachsenen Ansprüchen. Sie wollte mehr und plante die Reform des Ordens im Rückgang auf seine Wurzeln.

In Teresa reifte der Gedanke, ein neues Kloster zu gründen, das auf dem Prinzip der Armut und Entsagung fußen sollte. Dazu wurde sie von einigen ihrer Beichtväter ermuntert. In einer Vision »geschah es eines Tages, da seine Majestät (Gott) mir befahl, diesen Plan mit allen Kräften voranzutreiben«. In aller Heimlichkeit wurde ein Haus mit Hilfe von Verwandten und Gönnern gekauft und für den neuen Zweck hergerichtet. Als Teresa mit vier Nonnen aus dem alten Kloster in das neue Kloster »San José« einzog, kam es in der Stadt zu einem Aufruhr. Ein Gericht beschloss, dass es illegal errichtet worden sei und geschlossen werden müsse. Aber Teresa setzte sich mit der ihr eigenen Standhaftigkeit und Entschlossenheit durch, so wie sie dies auch später immer wieder tat. Und schon bald gewöhnte sich Ávila an das neue Kloster.

Im Laufe der Zeit hat die Heilige 15 Frauen- und zwei Männerklöster gegründet. Damit wollte sie den Karmelitinnenorden auf seine ursprüngliche kontemplativ-eremitische Form zurückführen. Die wichtigste Neuheit war die Einführung einer täglichen zweistündigen Schweigemeditation, obwohl an der Universität von Salamanca die Vorstellung vorherrschte, Frauen seien von Natur aus zur Meditation unfähig. Sie verlangte von ihren Mitschwestern eine strenge Klausur. Besuchsmöglichkeiten wie im alten Kloster sollten eingeschränkt werden.

Als Zeichen der Strenge geht man in diesen Klöstern mit bloßen Füßen in den Hanfsandalen der Armen, daher nennt man sie die Unbeschuhten Karmeliterinnen oder Karmeliter. Und es wird in ihnen auf Titel verzichtet, was für spanische Verhältnisse damals revolutionär ist. Hier nähte und putzte Teresa wie ihre Mitschwestern und ließ sich nicht mehr bedienen. Die vielen neuen Klostergründungen in der Folge waren eine beachtliche Leistung der Heiligen, die von schwacher Konstitution war und immer wieder aufs Krankenlager geworfen wurde. Hier bewährte sich ihr Einfallsreichtum und ihr großes Organisationstalent. Dennoch, oder gerade deshalb, traf sie auf viele Widerstände. So denunzierte der Nuntius in Madrid Teresa in Rom als »unruhiges, umherschweifendes und verstocktes Weib«, gar als »Landstreicherin«.

Bei ihren Klostergründungen und der Reform des Ordens war ihr Johannes vom Kreuz ein wichtiger Weggefährte, auch wenn ihre Charaktere sehr unterschiedlich waren. Er war 27 Jahre jünger als Teresa. Ihm übergab sie als Erstem die Kutte für den männlichen Zweig des Reformordens. Man stelle sich vor: Eine Nonne gründet einen Mönchsorden, und das im 16. Jahrhundert! Wenn das nicht eine emanzipierte Nonne war, an der die moderne Frauenbewegung ihre wahre Freude haben müsste. Von Johannes schrieb sie: »Es ist unmöglich, mit Johannes vom Kreuz über Gott zu reden, ohne dass er sofort in Ekstase fällt und ich mit ihm.« Was musste er nicht alles von den eigenen Ordensbrüdern erdulden, weil er sich den Reformbemühungen von Teresa angeschlossen hatte. Sogar Folterungen im Kirchengefängnis hat er über sich ergehen lassen müssen.

Wir würden aber der großen Leistung der Heiligen nicht gerecht werden, wenn wir sie auf ihre Klostergründungen beschränkten. Sie war auch eine große Lehrmeisterin des Gebetes, vor allem der Kontemplation und des inneren Gebetes. Ihre Erfahrungen auf diesem Gebiet hat sie in ihrem Meisterwerk »Die innere Burg« festgehalten. Hier erweist sich ihre große literarische Begabung, denn sie versteht es, komplizierte Vorgänge konkret und verständlich darzustellen. Dabei bedient sie sich einer bildhaften Sprache. Man muss bedenken, dass sie niemals studiert hatte, und doch war sie so vielen gelehrten Theologen turmhoch überlegen. In ihrem Leben waren ihr viele Visionen und Ekstasen zuteilgeworden, was damals nicht unüblich war. Aber gerade diese außergewöhnlichen Erfahrungen ließen sie in den Fokus der Inquisition geraten. Immer wieder wurde sie angezeigt und musste sich vor diesem kirchlichen Gericht verantworten, nicht zuletzt auch auf Grund ihrer Autobiographie. Denn Frauen traute man derartige Erfahrungen nicht zu. Aber kein einziges Mal ist sie verurteilt worden, sie verstand es, sich zu rechtfertigen und ihre Rechtgläubigkeit glaubhaft zu beweisen. Sie bekannte von sich: »Ich bin eine Tochter der Kirche«, und für sie war sie bereit, »tausend Tode zu sterben«. Ihre mystischen Erfahrungen unterstellte sie dem Urteil »der Heiligen Römischen Kirche«.

Für ihre Nonnen verfasste sie ein Buch mit Anleitungen zu Gebet und Meditation, es trägt den Titel: »Das Buch der Klostergründungen«. Darin beschreibt sie die Unio mystica, für die zwar der Gnadenstand erforderlich sei, ansonsten solle sie aber ganz allgemein das Lebensziel eines jeden Christen sein. Sie umschreibt sie folgendermaßen: »Unio mystica ist Einswerden mit dem Willen Gottes. Das ist die Vereinigung, die ich euch allen wünsche, nicht die hingerissenen Verzückungen, die man auch mit dem Namen Unio belegt hat ... Sie ist eine innere Welt mit vielen und schönen Wohnungen und vor allem mit einer Wohnung für Gott. Wenn es nun seiner Majestät gefällt, dass er ihr (der Seele) die Gnade der geistlichen Vermählung erweisen will, so holt er sie zunächst in diese seine Wohnung.«

Im Alter von 67 Jahren stirbt sie im Kloster »Zur Verkündigung« in Alba. Sie legt ihren Kopf in die Hände einer kastilischen Bauerntochter. Dabei verklärt sich ihr Gesicht in einer nicht zu beschreibenden Ekstase. Sie hat auf bewundernswerte

Weise das kontemplative Leben mit dem aktiven verbunden und kann uns darin ein Vorbild sein. Papst Paul VI. hat ihr 1970 die höchste Ehre erwiesen, indem er sie zur Kirchenlehrerin erklärte. Auf einem Zettel, den sie in ihrem Brevier verwahrte, stehen die Zeilen:

Nichts verwirre dich;
nichts erschrecke dich.
Alles geht vorüber;
Gott ändert sich nicht.
Die Geduld erreicht alles.
Wer Gott besitzt, dem mangelt nichts;
Gott allein genügt.

Vertiefende Literatur:

L. M. Koldau, Teresa von Ávila. Agentin Gottes, München 2015

Mutter Teresa (1910–1997)

»Die Ikone des Samariters«

Wenn heute in Umfragen nach Vorbildern gesucht wird, dann steht Mutter Teresa bei Jung und Alt meistens an erster Stelle, weil sie in den Augen der Befragten als authentisch und glaubwürdig erscheint. Sogar Wirtschaftsführer sind von ihr angetan. So urteilte ein Dekan einer amerikanischen Wirtschaftshochschule: »Sie hatte eine Vision, sie wollte den Armen helfen, alles andere war zweitrangig ... Aus ihrer Fähigkeit, persönliche Belange hintanzustellen und sich einer Sache ganz zu verschreiben, könnten angehende Führungskräfte viel lernen.« In ihrem albanischen Elternhaus wurde den Armen große Beachtung und Wertschätzung entgegengebracht. Das hat sie für ihr ganzes Leben geprägt. So spürte sie schon als Kind »eine Berufung für die Armen«.

Mit 18 Jahren tritt sie dem Loreto-Orden bei, der sie nach Indien schickt. Dort hat sie 17 Jahre lang Kindern und Jugendlichen aus besseren Schichten an einer höheren Schule Geographie und Geschichte mit viel Geschick beigebracht. Bei einer längeren Busfahrt zu Exerzitien ereignete sich eine für ihr künftiges Leben entscheidende Bekehrung. Sie berichtet davon: »Es war ein neuer Ruf des Herrn, eine Berufung innerhalb des Ordens aufzugeben. Der Herr lud mich ein, nicht meinen Stand als Ordensfrau aufzugeben, sondern ihn ›abzuändern‹. Ich spürte, dass der Herr mich rief, auf das ruhige Leben in meiner Kongregation zu verzichten, um auf die Straßen zu gehen und den Armen zu dienen. Er rief mich, den Verzweifelten zu dienen, den Ärmsten der Armen in Kalkutta ...« Und davon gab es in der Stadt mit damals 4,5 Millionen Einwohnern in Hülle und Fülle; heute leben im Ballungsraum Kalkutta sogar 14,7 Millionen Menschen.

Die Worte Jesu: »Was ihr für einen meiner geringsten Brüder getan habt, das habt ihr mir getan« (Mt 25,40) wurden zur Devise ihres Lebens. Unübersehbar war für sie das Elend der Menschen, die in Slums oder auf der Straße leben mussten. Wer kümmerte sich um sie? Vom Staat war nichts zu erwarten und auch die hinduistische Bevölkerung ließ sich von diesen menschenunwürdigen Verhältnissen nicht beeindrucken. Sie schaute tatenlos zu.

Mutter Teresa beginnt ihre Arbeit mit sage und schreibe fünf Rupien und hat kein Haus für den Unterricht und für die Betreuung der Armen und Sterbenden. Aber sie ließ sich dadurch nicht entmutigen, und schon bald begegnete auch sie einem Gönner, der ihr einige Räume überließ. Rasch fand sie Mitstreiterinnen für die Bekämpfung der Armut, ehemalige Schülerinnen ihrer Schule. Die Zahl wuchs schnell an, so dass sich in ihr der Gedanke regte, eine eigene Kongregation der »Missionarinnen der Nächstenliebe« zu gründen, die auch von Rom genehmigt wurde. Bei ihrer Gründung zählte die Schwesterngemeinschaft nur zwölf Schwestern. Später traten die »Missionsbrüder der Nächstenliebe« an ihre Seite. Heute gehören der Frauenkongregation mehr als 5.000 Frauen in 750 Häusern und dem männlichen Zweig mehr als 400 Brüder an.

Galt anfangs ihre Sorge nur den verarmten und hungernden Bewohnern der Stadt, so kam bald eine Bleibe für die Sterbenden hinzu. Eines Tages sah Mutter Teresa, wie eine sterbende Frau auf der Straße von Ameisen und Ratten angefressen wurde. Sie brachte die Frau zum nächsten Hospiz, wurde dort aber abgewiesen. Ihre Empörung war groß: »Um Hunde und Katzen kümmert man sich mehr als um seine Mitmenschen«, lautete ihr

Kommentar. Sie nahm die Frau in ihr Haus auf. Dies wurde zum Anlass der Gründung des »Heims für Sterbende«, von denen es heute ungefähr 150 in aller Welt gibt. Mutter Teresa erblickte die größte Armut aber nicht in der materiellen Armut, sondern in der Erfahrung, dass Menschen nicht geliebt werden. Sie sagte: »Die größte Krankheit heute ist nicht die Lepra oder die Tuberkulose, sondern vielmehr das Gefühl, unerwünscht zu sein, ohne Fürsorge und verlassen von allen. Das größte Übel ist der Mangel an Liebe und Nächstenliebe.«

Eines Tages brachte man ihr einen Mann, einen Hindu, von der Straße. Sein Körper war schon halb von Würmern zerfressen. Sie ging zu ihm hin, um ihn sauberzumachen. Der Mann fragte sie: »Warum tust du das? Jeder wendet sich von mir ab. Ich bin für alle eine Last.« Ihre Antwort: »Weil ich dich liebe. In dir liebe ich Jesus, der sein Leid mit dir teilt.« In diesen Worten kommt das Wesentliche ihrer Spiritualität zum Ausdruck. Ihre vorbehaltlose Liebe zu Jesus, der sich mit den Ärmsten der Armen identifiziert hat. »Die Armen sind die Armen Gottes.« »Wir dienen Jesus in den Armen, wir pflegen ihn, speisen ihn, kleiden ihn, besuchen ihn.« Das war ihre tiefste Überzeugung.

Mutter Teresas Anfrage an uns und an unsere Gemeinden lautet: Kennen wir in unserem Umkreis überhaupt die Armen, wissen wir, wer Not leidet, auch wenn er es nach außen nicht zu erkennen gibt? Allzu leicht überlassen wir den Samariterdienst der organisierten Caritas, die dazu besser ausgerüstet ist. So fühlen wir uns von dieser Aufgabe entlastet. Dabei gehört die Caritas zu den Grundvollzügen der Kirche, sie ist einem jeden von uns aufgegeben und kann nicht delegiert werden. In jeder Gemeinde müsste es einen Ausschuss geben, der sich für die Armen und Notleidenden zuständig fühlt und konkret Hilfe leistet. Gottes- und Nächstenliebe lassen sich nicht trennen, sie

Mutter Teresa (1910–1997)

gehören unlösbar zusammen. In der Nächstenliebe spiegelt sich unsere Gottesliebe und umgekehrt.

Mutter Teresa und ihre Schwestern könnten diesen Dienst an den Ärmsten der Armen gar nicht leisten, sie wären den Anforderungen gar nicht auf Dauer gewachsen, wenn sie nicht aus Gebet und Anbetung vor dem Allerheiligsten täglich Kraft dafür schöpften. Nach getaner Arbeit an den Armen und Hilfsbedürftigen versammeln sich die Schwestern eine Stunde vor dem Allerheiligsten zur stillen Anbetung. Ohne das tägliche Gebet, vor allem das Rosenkranzgebet, hätte Mutter Teresa ihr gewaltiges Werk gar nicht vollbringen können. Ein Politiker wollte gute Vorsätze fassen und hat Mutter Teresa um eine Empfehlung gebeten. Sie antwortete: »Nehmen Sie sich ein bisschen mehr Zeit zum Knien.«

Nach ihrem Tod befiel die Schwestern von Mutter Teresa und die Gläubigen großes Entsetzen, als ihre Tagebuchaufzeichnungen veröffentlicht wurden. Darin konnte man lesen: »Seit den Jahren 49 oder 50 dieses furchtbare Gefühl der Verlorenheit, diese unbeschreibliche Dunkelheit, die Einsamkeit. Der Platz Gottes in meiner Seele ist leer. In mir ist kein Gott. Er will mich nicht … Er ließ zu, dass dichteste Finsternisse in meine Seele eindrangen und der mir so süße Gedanke an den Himmel bloß noch ein Anlass zu Kampf und Qual war. … Diese Prüfung sollte nicht nur ein paar Tage, ein paar Wochen dauern, sie sollte erst zu der vom lieben Gott bestimmten Stunde erlöschen und … diese Stunde ist noch nicht gekommen.«

Bislang hatte man den Eindruck gehabt, dass dieser Engel der Armen über ein unerschütterliches Gottvertrauen verfügte. Johannes Paul II. hat sie in die Schar der Seligen aufgenommen und als »Ikone des Samariters« bezeichnet. Und nun diese verstörenden Worte! Wirft man aber einen Blick in die Geschichte der großen Mystikerinnen, etwa auf das Leben der heiligen Teresa von Ávila oder der kleinen Theresia von Lisieux, der Lieblingsheiligen von Mutter Teresa, dann stößt man auf ähnliche Aussagen, die von der »dunklen Nacht der Seele« Zeugnis geben. Auch sie litten unter der Gottesfinsternis in ihrem Innern, die über lange Zeit anhielt. Insofern ist Mutter Teresa keine Ausnahmeerscheinung. Die großen Mystikerinnen haben zutiefst unter diesem Dunkel in ihrer Gottesbeziehung gelitten, aber sie haben standgehalten. Sie haben weiter gebetet, haben die Gottesbeziehung nicht aufgekündigt, wozu wir heute in einer ähnlichen Situation leicht geneigt sind. Sie haben gehofft wider alle Hoffnung.

Auch heute gibt es viele Menschen, die unter dem Entzug Gottes leiden. Wenn Gott das absolute Geheimnis ist, wenn er sich jedem denkerischen Zugriff entzieht, wenn er empirisch nicht aufweisbar ist, dann ist der Zweifel an seiner Existenz oder an seinem Eingreifen in das Weltgeschehen durchaus legitim. Wir müssen davor Respekt haben. Diese Haltung ist wertvoller als so manch herkömmlicher Glaube, der sich in traditionellen Bahnen bewegt und nicht zu neuen Ufern aufbricht. Vielleicht können wir dann auch mit dem Dichter Andreas Gryphius im Blick auf die Menschwerdung Gottes ausrufen:

Nacht, mehr denn lichte Nacht! Nacht, lichter als der Tag,
Nacht, heller als die Sonn', in der das Licht geboren,
Das Gott, der Licht, in Licht wohnhaftig, ihm erkoren!
O Nacht, die alle Nacht' und Tage trotzen mag!

Vertiefende Literatur:

R. Kornprobst, Mutter Teresa. Zeichen der Hoffnung, Kevelaer 2007

Mutter Teresa (1910–1997)

Theresia von Lisieux (1873–1897)

Heilige in tiefer Glaubensnot

Die meisten Menschen, die Gläubigen eingeschlossen, ja sie in noch höherem Maße, verstehen unter einem Heiligen bzw. unter einer Heiligen einen Menschen, der tief im Glauben verwurzelt ist und in inniger Gottverbundenheit lebt. Kein Zweifel ficht ihn bzw. sie an. Der Heilige widersteht allen Versuchungen und lebt ganz auf Gott hin. Glaubensschwierigkeiten kennt er nicht oder überwindet sie bald.

Dieses wohlgeformte und abgerundete Bild von einem heiligen Menschen ist aber zu schön, um wahr zu sein. Es gibt nicht wenige große Heilige, die zeitweilig oder am Ende ihres Lebens von tiefen Glaubensanfechtungen heimgesucht worden sind. Das ergeht ihnen genauso wie vielen in der Welt Lebenden. Das aber verstört die Frommen, und daher entwerfen sie ein Klischee von einem heiligmäßigen Menschen, das gern übernommen und weiterverbreitet wird.

Ein Musterbeispiel ist die Gestalt der französischen Karmelitin Thérèse Martin, die bei ihrem Eintritt in den Karmel von Lisieux den Namen »Theresia vom Kinde Jesus und vom Heiligen Antlitz« angenommen hat. Schon mit 15 Jahren trat sie mit einer Sondererlaubnis in den Orden ein, dem schon vor ihr zwei ihrer leiblichen Schwestern beigetreten waren. Nur neun Jahre wird sie hinter diesen nordfranzösischen Klostermauern verbringen, wo sie kein Komfort erwartet. In ihrer Zelle gab es keine Heizung, auch nicht im bittersten Winter. Das war für ihre angeschlagene Gesundheit von Anfang an höchst schädlich. »Ich habe bis zum Sterben darunter gelitten«, schreibt sie.

Die galoppierende Schwindsucht, an der sie gestorben ist, rührte neben einer falschen ärztlichen Behandlung auch daher.

Die ersten Jahre im Orden waren für sie nicht leicht, denn von der Priorin wurde sie hart geprüft. Scheinbar unauffällig gestaltete sich ihr Leben im Karmel. Keine Erscheinungen, keine Ekstasen, keine Wunder und keine Prophezeiungen sind von ihr überliefert. »In ihrem Leben sehe ich nichts, was aus dem Gewöhnlichen hervorragt«, berichtet eine Mitschwester beim Seligsprechungsprozess. Eine andere sagt: »Über sie gibt es nichts zu berichten, sie war sehr nett und sehr bescheiden, man beachtete sie nicht, nie hätte ich eine Ahnung von ihrer Heiligkeit gehabt.«

Erst aus der Veröffentlichung ihrer Autobiographie, die sie im Auftrag der Priorin niedergeschrieben hat, gewinnen wir einen Einblick in ihr Seelenleben. Diese wurde anfangs stark überarbeitet veröffentlicht und sorgte nicht nur für eine Riesenüberraschung, sondern wurde sogar zu einem geistlichen Bestseller. Das Bild, das uns hier entgegentritt, ist sehr geschönt und verklärt. Es überdeckt die Abgründe, in die Theresia geblickt hat, und verschweigt ihre tiefen Anfechtungen im Glauben. Das Original ist an 7.000 Stellen verändert. Die spätere Konfrontation mit der Wirklichkeit löste einen gewaltigen Schock aus. Man musste das Bild von der Heiligen erheblich revidieren. Jetzt erst gewinnen wir Einblick in tiefe Verzweiflung und Glaubensnot einer Ordensschwester, die von der Kirche heiliggesprochen worden ist.

Schon einige Monate nach ihrem Einzug ins Kloster überkommt sie das Gefühl, dass Gott nicht da ist. Sie gesteht: »Wenn man wenigstens noch Jesus fühlte. Aber nein, er scheint tausend Meilen weit entfernt. Wir sind allein mit uns selbst.« Über ihre Glaubensnöte kann sie nicht mit ihren Mitschwestern sprechen.

»Äußerlich verriet ich nichts, was ich litt. Aber ich litt umso mehr, als nur ich darum wusste.« Sie zweifelt, ob es überhaupt einen Himmel gibt. Drei Monate vor ihrem Tod gesteht sie: »Es sind die Überlegungen der schlimmsten Materialisten, die sich meinem Geist aufdrängen.« Kurz vor ihrem Sterben stellt ihr ihre leibliche Schwester Marie das Bild vor Augen, bei Jesus und den Engeln zu sein. Darauf antwortet sie: »All diese Bilder geben mir nichts. Ich kann mich nur von der Wahrheit nähren. Deshalb habe ich auch nie nach Visionen verlangt. Man kann auf Erden den Himmel und die Engel nicht so sehen, wie sie sind. Ich warte lieber bis nach meinem Tode.«

Was uns hier begegnet, sind Gedanken, die auch unter Theologen heute verbreitet sind, die in ihren Aussagen über Gott und das Leben nach dem Tod sehr behutsam sind. Sie bevorzugen, anders als wir in unseren Vorstellungen, eine negative Theologie, die von Gott das bekundet, was er *nicht* ist. Insofern ist die kleine Theresia eine moderne Erscheinung, welche die Glaubensnot des neuzeitlichen Menschen, der unter der Gottesferne leidet, auf den Begriff gebracht hat. Dabei steht sie nicht allein, auch Mutter Teresa lässt in ihren posthum veröffentlichten Aufzeichnungen ähnliche Zweifel und Anfechtungen anklingen. Sie haben gleichfalls für viele Verwirrungen gesorgt, weil sie das weit verbreitete Bild von ihrem Glaubensleben ins Wanken gebracht hat.

Kann eine solche ungeschminkte Wahrheit für unseren eigenen, oft bedrängten Glauben eine Hoffnung und Ermutigung sein? Sie zwingt uns, behutsamer und zurückhaltender von den sog. letzten Dingen zu sprechen. Wir wandeln noch unter der Wolke und schauen Gott nicht von Angesicht zu Angesicht. Wir sind unterwegs, Pilger auf der Erdenstraße. Gleichwohl dürfen wir uns von der Hoffnung leiten lassen, dass Gott einmal den Vorhang zurückziehen wird und uns sein wahres Antlitz enthüllt.

Ein schweres, leidvolles Sterben war ihr beschieden, das sich über zwei Monate erstreckte. »Nie hätte ich geglaubt, dass es möglich ist, so viel zu leiden«, flüstert sie, ehe sie ihren Geist aufgibt. Einige Jahre nach ihrem Tod erklärt Papst Pius X.: »Schwester Theresia vom Kinde Jesus ist die größte Heilige des modernen Zeitalters.«

Vertiefende Literatur:

Therese von Lisieux. Selbstbiographie, Kempten, 12. Aufl. 1991

Simone Weil (1909–1943)

Welt-Mystikerin

In der Vergangenheit hat die kirchliche Verkündigung die Gläubigen angehalten, sich angesichts der irdischen Mühen und Plackereien in den Willen Gottes zu ergeben, ohne aufzubegehren. Als Trost winkte ein besseres Jenseits, wo Gott für den gerechten Lastenausgleich Sorge trägt. Die Gläubigen wurden angesichts des zum Himmel schreienden Leides vertröstet, an den irdischen Verhältnissen änderte sich nichts. Die Folge war, dass die Kirche die Arbeiterschaft verlor und in die Arme des Marxismus trieb, der sich nicht mit den ungerechten Verhältnissen abspeisen lassen wollte. Und auf philosophischer Seite forderte der Pastorensohn Friedrich Nietzsche: »Bleibt der Erde treu!« Das war gewissermaßen sein philosophisches Credo. Auch das war eine Kampfansage an eine Kirche, die das Diesseits als Jammertal verunglimpfte und die Sinnlichkeit und das Schöne nicht in der rechten Weise zu würdigen wusste. Bis in unsere Kirchenlieder spiegelte sich diese pessimistische Weltsicht.

Mit einer solchen negativen Sicht der Welt konnte sich die Französin Simone Weil im vorigen Jahrhundert nicht abfinden. Im Gegenteil, sie war der Welt mit ganzem Herzen zugewandt, besonders der Welt der Armen und Entrechteten. Sie hat uns eine Welt-Mystik vorgelebt, die bewundernswert ist und zugleich eine ernste Anfrage an unsere kirchliche Sicht von der Welt darstellt.

Der Glaube war ihr nicht in die Wiege gelegt. Sie war die Tochter einer assimilierten jüdischen Familie in Paris und wuchs in einem agnostischen Klima auf. In diesem ist die Existenz

Gottes nicht erkennbar und Gott wird daher als nichtexistent ausgeklammert. Sie wurde zunächst als Philosophielehrerin in Paris tätig. Aber ihr sozialpolitisches Engagement war ihr wichtiger. Sie engagierte sich in der Gewerkschaft und beteiligte sich an Demonstrationen und Streiks der Arbeiter. Sie war als »rote Jungfrau« verschrien. Mehrmals wurde ihr von der Schulverwaltung die Entlassung aus dem Schuldienst angedroht. Sie ließ sich als Lehrerin beurlauben, um als Fabrikarbeiterin bei dem Autowerk Renault zu arbeiten. Auf diesem Wege wollte sie die Welt der Proletarier verstehen, obwohl sie dafür körperlich nicht geeignet war. Während der deutschen Besatzung in Frankreich war sie zeitweilig Mitglied der Widerstandsbewegung. In Marseille freundete sie sich mit einem Dominikanerpater und einem christlichen Religionsphilosophen an. Mit Letzterem führte sie tiefsinnige Gespräche über Gott und die Welt, die auch veröffentlicht worden sind.

Simone Weils religiöser Werdegang ist außergewöhnlich; mit 29 Jahren wird ihr eine Christuserfahrung zuteil, die ihr ganzes Leben verändert. Sie bekennt von sich: »Ich kann sagen, dass ich mein ganzes Leben lang niemals, in keinem Augenblick, Gott gesucht habe.« Ohne die Vermittlung eines menschlichen Wesens begegnete sie Christus. Diesem begegnete sie in der katholischen Kirche, vor allem im Gebet und Gottesdienst; besonders der Gregorianische Choral bewegte sie im Innersten.

Für sie ist das Schöne »gleichsam eine Inkarnation Gottes in der Welt …, deshalb ist jede Kunst höchsten Ranges ihrem Wesen nach religiöse Kunst«. Schon im Mittelalter hatte man das Schöne neben dem Guten und Wahren zu einer Seinseigenschaft Gottes erklärt. Leider ist diese Sichtweise lange Zeit vergessen worden, man begnügte sich mit dem Wahren und Guten, um Gott auf die Spur zu kommen. Heute finden in Frankreich viele Menschen über die Kunst einen Zugang zu Gott. Sie fühlen sich in der Begegnung mit der Kunst dem Alltag enthoben und in einer anderen Welt, in der Welt der Transzendenz beheimatet. Simones Christusbeziehung ist eine mystische; so konnte sie sagen: »Christus selbst ist herabgestiegen und hat mich ergriffen.« Zu ihrer Gottesbeziehung gehört die Erfahrung seiner gleichzeitigen Entzogenheit. In ihren Betrachtungen zum Vaterunser schreibt sie: »Wir sollen glücklich sein in dem Bewusstsein, dass er unendlich entzogen ist.« So entgeht sie der Gefahr einer eindimensionalen Gotteserfahrung, die heute leider weit verbreitet ist. Diese betont einseitig die Nähe Gottes und übersieht, dass er sich uns immer wieder entzieht und ein verborgener Gott ist. Dieser verborgene Gott bewahrt uns davor, ihn uns nach Menschenart vorzustellen. Nur so werden wir seinem absoluten Geheimnis ein wenig gerecht.

Ihre Mystik ist eine »Welt-Mystik«, die nicht der Alltagswelt entflieht, sondern den Menschen vielmehr an die Welt und besonders an die Arbeitswelt verweist. Von ihr stammen die Worte: »Gott ist von dieser Welt abwesend, außer durch das Dasein derer in der Welt, in denen seine Liebe lebt. Sie sollen darum in der Welt gegenwärtig sein durch das Erbarmen. Ihre Barmherzigkeit ist die sichtbare Gegenwart Gottes hienieden.« Schon als Studentin an der Sorbonne zeichnete sie sich dadurch aus, dass sie am Geschick anderer Menschen intensiv Anteil nahm. Als man ihr von einer großen Hungersnot in China erzählte, ist sie in Schluchzen ausgebrochen. Sie wollte das Leiden anderer Menschen auf sich nehmen. Man könnte darin eine problematische Leidensmystik sehen, was vielleicht auch Charles de Gaulle zu dem Urteil veranlasste, sie sei »verrückt«. (De Gaulles Aussage bezog sich allerdings auf ihre Bitte, man möge ihr doch innerhalb der französischen Résistance einen

»tüchtigen Anteil an Leiden und Gefahren« gewähren.) Dennoch dürfte er wohl gespürt haben, wie radikal hier die Christusliebe mitten in der Welt gelebt wurde. Sie selbst bekannte von sich: »Die Narren sind die einzigen Personen, welche die Wahrheit sagen ... Alle anderen lügen.« Hier kommt die Einheit von Mystik und Politik zum Ausdruck, die heute immer stärker von den Christen eingefordert wird. Wir können uns nicht mehr mit dem Himmel begnügen und die Erde anderen überlassen. Sie ist uns aufgegeben, um in ihr dem Reich Gottes die Wege zu ebnen.

Ihr Verhältnis zur katholischen Kirche ist nicht eindeutig. Sie besuchte die Kirche und nahm oft an Gottesdiensten teil, d. h. an katholischen Messfeiern. Andererseits stand sie der Kirche als Institution skeptisch, wenn nicht gar ablehnend gegenüber. Die verurteilende, andere exkommunizierende, mächtige Kirche bereitete ihr Angst. Auch deren Alleinstellungsanspruch stieß bei ihr auf Widerspruch, zumal sie sich nicht mit dem katholischen Glauben zufriedengab. Sie wollte den Buddhismus, die hinduistischen Veden, Platon und andere Philosophen und Dichter in den christlichen Glauben einbeziehen. So gesehen war ihr die katholische Kirche nicht katholisch, d. h. allumfassend genug. Mit Leo Tolstoi war sie der Ansicht: »Das Netz des Himmels ist ungeheuer, seine Maschen sind weit, doch nichts kann herausfallen.« Hier stoßen wir an die Grenzen ihres katholischen Glaubens, den sie mit Elementen fremder Religionen und Philosophien anreichern wollte. Auch war die Kirche ihrer Ansicht nach nicht offen genug für die Schönheit der Welt. Daher zögerte sie auch mit dem Empfang der Taufe, die ihr nach einem Augenzeugenbericht auf dem Sterbebett gespendet worden sein soll. So verharrte sie während ihres Erdenlebens bewusst auf der Schwelle der Kirche.

Simone Weil (1909–1943)

Ihr Sterben im Exil in London wirft noch einmal ein helles Licht auf ihre Welt-Mystik. Sie starb an Unterernährung, weil sie nicht mehr Kalorien zu sich nehmen wollte, als ihren Landsleuten daheim gewährt wurden. Bis zu ihrem Ende blieb sie ihren Prinzipien treu, auch wenn sie nicht von Widersprüchen frei war.

Vertiefende Literatur:

S. Weil, Zeugnis für das Gute. Traktate, Briefe, Aufzeichnungen, München 1990

Zum Autor

Ralph Sauer, geb. 1928 in Hamburg, studierte Germanistik, Geschichte und Philosophie in Hamburg und Freiburg. Mit einer religionsphilosophischen Promotion schloss er dieses Studium ab. Anschließend studierte er Katholische Theologie in Frankfurt/M. und Osnabrück. 1957 wurde er in Osnabrück zum Priester geweiht. Es schlossen sich zehn Jahre Tätigkeit als Kaplan im Bistum Osnabrück an. 1968 erhielt er den Ruf auf eine Professur für Katholische Religionspädagogik an der PH Vechta. Er hat an der PH Flensburg, an der Universität Osnabrück und an der Universität Vechta unterrichtet und geforscht. 1998 wurde er offiziell emeritiert; gleichwohl ist er an der Universität Vechta weiter als Religionspädagoge tätig. Den Schwerpunkt seiner Lehre und Forschung bilden die Kinder-und Jugendpastoral, die Pastoralliturgie, die Ökumene im Religionsunterricht und das Theodizeeproblem im Kindes-und Jugendalter. Daraus sind zahlreiche Publikationen hervorgegangen.

© Verlag Katholisches Bibelwerk GmbH, Stuttgart 2016
Alle Rechte vorbehalten

Umschlaggestaltung: Finken & Bumiller, Stuttgart
Umschlagmotiv: © shutterstock, Micra
Satz: post scriptum, www.post-scriptum.biz
Druck: finidr s.r.o., Český Těšín
Printed in the Czech Republic

www.bibelwerk.de

ISBN 978-3-460-30222-8